まえがき

　本書は、最近注目されている「観光」を取り上げています。日本では近年「観光」を国の基幹産業ととらえ、さまざまな取り組みが行われていることを本書を通じて知ってほしいと願っているからです。例えば、2023年の実績で、世界で観光客が最もお金を使う国はアメリカであり、その金額は突出しています。続く国々もスペイン、イギリス、フランスといったヨーロッパの国々で先進国が占めています。日本は、現在13位と大いに健闘しています。

　この本の特徴ですが、高校生やこれまで「観光」になじみのなかった方を対象にしている点です。一般に大学で「観光」を専門的に学ぶのは2年生からで、使用する教科書もそれなりに高度な内容になります。したがって、高校生の目線で分かりやすく、「観光」を解説した本は少ないといえるでしょう。

　内容として、1章では日本がなぜ「観光」に力を入れるようになったのかを紹介し、2章は、航空サービスについて、最新の情報を提供します。3章はホスピタリティがテーマのホテルや旅館といった宿泊施設について、4章ではスマートフォンを使ってより身近になった旅行や旅行会社について紹介しています。大阪・関西万博は国家規模のイベントですが、5章はこのようなイベントを取り上げています。6章は、少子高齢化が進む日本で、住んでいるまちをどのようにすればより活性化するか、都市と地方の人たちの工夫や知恵を紹介します。7章では観光とのかかわりが大きいスポーツと食がテーマです。人気のスポーツ選手の試合を見に行ったりすることや、海外からの観光客が日本食を楽しんでいることも含まれます。8章では「観光」の発展には欠かせないのが科学技術の発展ですのでテクノロジーとの関わりを紹介しています。

　本書で取り上げた内容が「観光」のすべてを含んでいるわけではありませんが、一つ言えることは「観光」は今後さらに発展する分野であり、日本を支える基幹産業となることです。すでに我が国の半導体の輸出高を超えて自動車産業に次ぐ輸出規模になっていることがそれを物語っています。ぜひこの本で知り得たことを将来の学習や進路、職業選択などに生かし、国内外で活躍され、日本を支える人材になっていただければと願っています。

　　　　　　　　　　　　　　　　　　　　　　　　　編著者　国枝よしみ

iii

Contents

図解「知っておきたい 観光学」

まえがき ……………… iii

第1章 これからの産業
未来への扉

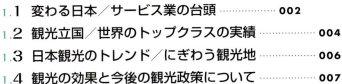

- 1.1 変わる日本／サービス業の台頭 ……………… 002
- 1.2 観光立国／世界のトップクラスの実績 ……………… 004
- 1.3 日本観光のトレンド／にぎわう観光地 ……………… 006
- 1.4 観光の効果と今後の観光政策について ……………… 007

第2章 空から見る日本
進化する航空

- 2.1 日本の空港 ……………… 012
- 2.2 日本の航空会社 ……………… 013
- 2.3 飛行機は誰が作っているのか ……………… 013
- 2.4 進化する航空サービス ……………… 014
- 2.5 航空会社の戦略 ……………… 015
- 2.6 空港で働く人びと ……………… 016
- 2.7 航空と安全 ……………… 019

第3章 ホスピタリティを極める
ホテル・旅館

- 3.1 宿泊施設の誕生と発展 ……………… 022
- 3.2 多様な人々を受け入れる ……………… 025
- 3.3 サービスとホスピタリティ ……………… 027

第4章 スマートフォンでプラン
自分のだけの旅

- 4.1 オンラインで簡単予約！便利な旅行サービス ……………… 032
- 4.2 旅行会社のサービス ……………… 034
- 4.3 進化する修学旅行 ……………… 036
- 4.4 進化する多様なツーリズム ……………… 037

第5章 魅力いっぱい イベントで楽しもう

- 5.1 イベントとは ……… 042
- 5.2 イベントの目的 ……… 043
- 5.3 国際イベント（オリンピックと万博）……… 045
- 5.4 イベントに関わる人たち ……… 046
- 5.5 イベントの内容 ……… 047
- 5.6 イベントと観光 ……… 048
- 5.7 これからのイベント ……… 049

第6章 まちづくりとは

- 6.1 歩きたくなるまちに ……… 052
- 6.2 まちを再び元気に ……… 053
- 6.3 国内外から生徒が集まる高校の学びとは ……… 055
- 6.4 働きながら観光も楽しむ時代 ……… 057

第7章 スポーツと食の観光

- 7.1 スポーツツーリズムの魅力と観光 ……… 062
- 7.2 オリンピックの効果 ……… 064
- 7.3 外国人観光客に人気の日本の食文化 ……… 066
- 7.4 地元の食材を美味しく・楽しむ旅 ……… 069

第8章 新しい観光体験 テクノロジーの活用

- 8.1 スマートツーリズム ……… 072
- 8.2 観光体験を変える先端テクノロジー ……… 073
- 8.3 未来の観光体験 ……… 078

行ってみたいフォトジェニックなスポット ……… 080

参考文献／関連サイト ……… 084

索引 ……… 086

著者紹介 ……… 087

第1章 これからの産業

Chapter1

未来への扉

Q 日本の産業構造はどのように変わりましたか？

A サービス業中心の社会に変わりました。

1.1 変わる日本／サービス業の台頭

　資源の少ないわが国は、戦後、外国から原材料を輸入し、加工して製品を輸出する貿易大国として経済発展を遂げてきました。例えば、自動車産業がその代表例でしょう。戦後の復興期から高度経済成長が続く中、人々にとっては電気製品や自動車、衣服といった暮らしが豊かに感じられる「モノ」が消費の中心でした。

　しかし、時代は大きく変わりました。日本が豊かになったおかげで、モノはあふれ、人々はモノを買わなくなりました。今や必要なものはスマートフォンで手に入れる情報であったり、テーマパークや旅行での体験にお金を使うようになりました。

　つまり、形のあるモノから形のないサービス（情報や体験）に価値を見いだすようになったのです。このことは産業構造が大きく変わったことにも現れています（図1-1）。図1-1からわかることは、第1次産業の農業や林業で働く人は限りなく減少していますし、第2次産業の製造業・建設業などに従事している人も減少傾向にあります。一方、第3次産業の運輸・通信、小売、宿泊・飲食、金融・保険、公務などの

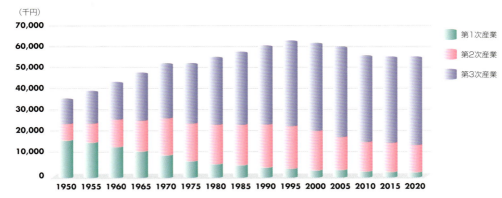

図1-1／産業別（3部門）就業人口の推移　[出典：総務省統計局『国勢調査報告』より筆者加工]

職業は、増加して今や70%近くになっており、「観光」産業もこの分野になります。

　世界の国々でも経済の発展段階により産業構造が変化する傾向が観察できます。いわゆる先進国と呼ばれる国々は、産業構造の重心を農林水産業から製造業、製造業からサービス業に移し、それに伴い、就業構造を変化させながら経済発展してきました（労働政策研究・研修機構，2023）。日本、欧州、北米、オセアニア諸国の場合第3次産業の割合が約7〜8割に及んでいます。

1.2 観光立国／世界のトップクラスの実績

日本は、2003年に観光立国を宣言しました。その内容（法律）には次のように書かれています。

> 観光は、日本の力強い経済を取り戻すための極めて重要な成長分野である。今後人口減少・少子高齢化が見込まれる中、国内の観光需要を喚起するとともに、急速に成長するアジアを始めとする世界の観光需要を取り込むことにより、地域経済の活性化、雇用機会の増大などにつなげていくことが重要である。外国人観光客の消費による地域への直接的な経済効果は大きいが、訪問した外国人観光客が、様々な観光資源を消費・体験することで地域の魅力を発見し、その素晴らしさを海外に伝播することによる波及効果はさらに大きなものとなる。
>
> （観光立国推進基本法 全文より抜粋）

そのため国は、国際競争力の高い魅力ある観光地の形成や、観光産業の国際競争力の強化および観光の振興に寄与する人材の育成などさまざまな施策に取り組んできました。

結果、2023年度は訪日外国人が日本に滞在中に消費した額は5兆3,065億円（2019年比10.2％増）になり、輸出額としてみると自動車、半導体の次に大きな輸出産業と成長しました。2024年度（速報）は、8兆1395億円（2019年比69.1％増）と暦年として過去最高を記録しました。さらに伸びると予想されます（図1-2）。

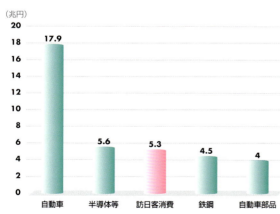
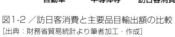

図1-2／訪日客消費と主要品目輸出額の比較
［出典：財務省貿易統計より筆者加工・作成］

では、海外から多くの観光客を受け入れているのはどのような国でしょうか。表1-1から、ヨーロッパの国々が多いこと、その他米国もかなりの観光客を受け入れていることがわかります。日本は、2014年度は22位でしたが、2023年には13位と上昇しています。

　一方、観光客が使うお金の額（一人当たりの消費額）で見てみましょう。米国が1位です。これは観光客の中にビジネスで訪れる人も入っていること、消費したくなるビジネスの仕組みが米国には豊富にあることも要因であると思われます。日本は7位で、経済活性化につながっていることがわかります。

順位	国名	到着数（百万人）	消費額（US$10億）	1人当たりの消費額（US$）
1	フランス	100	68.6	686
2	スペイン	85.17	92	1,080
3	米国	66.48	175.9	2,645
4	イタリア	57.25	55.9	976
5	トルコ	55.16	49.5	897
6	メキシコ	42.15	30.8	731
7	英国	37.22	73.9	1,986
8	ドイツ	34.8	37.4	1,074
9	ギリシャ	32.74	22.3	680
10	オーストリア	30.91	25	808
11	タイ	28.15	29.7	1,055
12	サウジアラビア	27.42	36	1,312
13	日本	25.07	38.6	1,539
14	オランダ	20.3	20.2	993
15	マレーシア	20.14	14.8	735

表1-1／海外からの観光客の受け入れ上位国（2023）
[出典：World Tourism Ranking by Country 2024.]

1.3 日本観光のトレンド／にぎわう観光地

わが国では、2020年の新型コロナウイルスによる感染拡大の以前までは、順調に訪日外国人旅行者数を伸ばしてきました（図1-3）。

しかし世界的な感染拡大により旅行の制限が厳しくなりその数は大きく落ち込みました。2022年10月には入国者の制限が撤廃され、個人旅行の受け入れが再開されたことで、以降、堅調に回復しました。翌年の5月には新型コロナウイルスが5類に移行したことから急速に人々の移動が活発になり、訪日外国人が増加したのです。現在（2025年1月現在）の推計値では、3686万9900人で過去最多を記録しました。

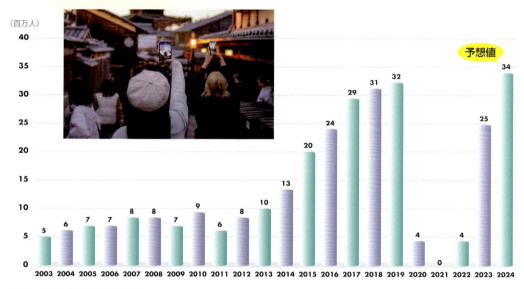

図1-3／訪日外国人旅行者の推移 ［出典：観光庁の資料より筆者作成］

では、外国人旅行者は、日本のどんなところに魅力を感じているのでしょうか。図1-4は、旅行サイトに寄せられたコメントで最も多かったスポットを順位づけたものです。1位はデジタルテクノロジーを活用したアート施設で、他者と共に身体ごと没入感が体験できるユニークなところです。他の調査でも「広島平和記念資料館」、広島県廿日市市の海上に建造された「厳島神社」、和歌山県の「高野山」、兵庫県の「姫路城」、京都の体験施設「サムライ剣舞シアター」、沖縄の「美ら海水

族館」、日本最古の城で長野県の「松本城」、東京の「国技館」などが挙げられています。これらの場所からは日本ならではの歴史・文化や体験ができることが魅力になっているようです。

1	チームラボプラネッツ TOKYO DMM	6	道頓堀
2	清水寺	7	浅草寺
3	京都侍忍者ミュージアム	8	奈良公園
4	伏見稲荷大社	9	京都錦市場
5	東京スカイツリー	10	東京タワー

図1-4／『インバウンド人気観光地ランキング』（2023）
［出典：訪日ラボ（2023）12月レポートより］

1.4 観光の効果と今後の観光政策について

【観光の効果】

これまで、訪日外国人が多く訪れるようになったことを紹介してきましたが、観光の発展は、技術革新と、とても深い関係があります。

1. 旅行予約のデジタル化の進展 ➡ スマートフォンで行き先の検索や選択・予約等が可能
2. 旅行がスムーズにできる ➡ 空港では自動チェックイン機や自動手荷物預り機が導入され、非接触や待ち時間の短縮につながっている
3. キャッシュレス決済 ➡ 日本を訪れた人が買い物や飲食・宿泊する利便性が向上

また、日本にとって観光の効果としては次のようなことが挙げられます。

- ■ 歴史・文化的価値ある有形・無形財産の保全と活用
- ■ 環境の保護
- ■ 雇用・経済発展、技術革新
- ■ 交流人口の増加、移住の促進
- ■ 住民の地域に対する誇りの醸成
- ■ 異文化理解、国際交流の促進等

【今後の観光政策】

　国連の世界観光機関が発表した長期予測によると、1980年に2.8億人であった国際観光客到着数は、2030年には18億人になるとされています。そんな状況が予測されるなか、わが国の観光政策は3つの方向性を打ち出しています。

（1）持続可能な観光（観光SDGs）の推進

　観光客の立場からはCO_2削減を考えた交通手段の活用、省エネ、プラスチックゴミ削減等に取り組む宿泊施設の利用、食品ロスの削減が挙げられます。観光地においては、自然や文化の保全と観光が両立できるような持続可能な観光地域づくりに取り組みます。また、観光産業においてはデジタル化を進めて、利便性を高めます。例えば、デジタルに精通した人材を育成することで観光戦略に活かし、観光マーケティングに活用したりすることを挙げています。

（2）インバウンド観光の回復戦略

　海外からの訪日客をインバウンドと言いますが、新型コロナによる落ち込みから急速にインバウンド数の回復が見られ、2024年度は感

染拡大前の2019年度を超えるとされています。ただ、一人当たり消費額が伸び悩んでいますので、この消費額を伸ばす努力をしていきます。彼らの訪問先は、有名観光地や都市に偏っていますので、できるだけ地方を訪れ宿泊してもらえるような政策が必要となっています。

（3）国内交流の拡大

人口減少が進むなかでも、地方においても魅力的なコンテンツを創出し、国内旅行の需要を喚起することや、目的地に長く滞在してもらう工夫が求められます。大阪・関西万博を契機とした国内観光振興は、そのきっかけになるでしょう。また、第2のふるさとづくりとして、一度訪問してもらったことをきっかけに継続して来てもらえるようにする政策を実施していきます。例えば、平日旅行需要喚起キャンペーンの実施や休暇を取得しやすい職場環境をつくることや多様な働き方として、旅先でも働けるような仕組み（くわしくは第6章を参照）を整えて、地方との交流を促していきます。

2024年に観光地で問題になったことがいくつかありました。

鎌倉市は歴史的に有名な都市であるだけでなく、人気のアニメ作品の舞台で知られ、特に観光客がその場所で写真を撮りSNSで発信することなどにより、注目されるようになっています。そのため住民の生活に支障が起こっています。また、沖縄県竹富町の西表島（いりおもてじま）は、2021年に世界自然遺産に登録され、観光客が集中することで、自然環境の劣化や観光化といわれる現象も起こっています。

政府は「2030年に訪日観光客6,000万人、消費額15兆円を目標にしています。一方で観光客が増えすぎて、住民の生活に支障が起こったり、環境が破壊されたりしないよう、人数や時間の制限、車の進入禁止、予約制、ガイドの随行を義務付けるなどの規制や課金などを行い、環境保全を図り観光資源の質の向上を図ろうとしています。地元住民が安心して暮らせる観光を整えて、外国からの観光客を受け入れられるようにしたいものです。

図1-5／迷惑行為ピクトグラム
[出典：鎌倉市ホームページ]

第2章 空から見る日本

Chapter 2 進化する航空

> **Q** 日本にいくつ空港があるか知っていますか?

> **A** 大小合わせて、97の空港があります。

2.1 日本の空港

　日本には大小合わせて97の空港があります。

　東京の羽田空港のように1日で1,000便を超える便が離発着し、20万人を超える乗客が乗り降りする空港から、1日に2便や3便が飛んでいる空港、定期的な飛行機の発着はなくヘリコプターや自家用機、自衛隊等に利用されている空港まであります。中には、大規模なショッピングエリアがあって地域の特産品を買うことができたり、多くのレストランがあってご当地グルメを楽しめる空港や、空港の中に温泉があって、旅の終わりに疲れを癒せる空港もあります。

　飛行機の離発着がない時間帯は、滑走路を歩くことができるイベントを開催している空港などもあり、空港は単なる飛行機の離発着場所ではなく、そこに行くこと自体が目的となり、楽しい時間が過ごせる場所にもなってきました (写真2-1、写真2-2)。

写真2-1／新千歳空港ショッピングエリア
[出典：新千歳空港ホームページ]

写真2-2／新千歳空港の温泉　[出典：新千歳空港ホームページ]

2.2 日本の航空会社

　航空会社とは、航空機を空港間で運航させて、旅客や貨物を輸送し、それによって運賃収入を得る企業を指します。
　日本には20を超える航空会社があります。ANA（全日本空輸）やJAL（日本航空）のように、グループ全体で200機前後の航空機を持つ大手から、2〜3機の飛行機で地方の離島の移動を担う会社、また低運賃を売り物に成長しているローコストキャリア（Low Cost Carrier：LCC）まで、それぞれがさまざまな特色を持っています。
　また、日本には海外から100社前後の航空会社が乗り入れています。日本を訪れる外国人(インバウンド)の数は、コロナ渦の影響で一時減少しましたが、今は回復に転じており、それが多くの海外航空会社が日本に乗り入れる大きな要因になっています。

2.3 航空機は誰が作っているのか

　航空会社が運航する航空機は、その多くがアメリカやヨーロッパなどの大手航空機製造会社によって作られています。
　現在、日本の航空会社が運航する最も大きな機材は、ヨーロッパの航空機製造会社エアバスによって製造された「A380」で、520席の座席が配列されています。
　大手航空会社の主力機は200〜400席程度の座席数ですが、地方の離島の移動を担う航空会社は、50席程度の小型機で運航を行っています。航空機の中には、旅客を乗せるのではなく、貨物の輸送専用の機材もあります。

写真2-3／A380 ［出典：写真提供ANA］

写真2-4／貨物専用機 ［出典：写真提供ANA Cargo］

2.4 進化する航空サービス

　航空機を利用するためには、以前は紙の航空券を購入し、空港で搭乗手続きを行う必要がありましたが、今ではほとんどの航空会社で、スマートフォンで予約から搭乗までを行うことができます。

　また、国内線でも国際線でも、ANAやJALのようなフルサービスキャリア（Full Service Carrier：FSC）が充実したサービスが強みであるのに対し、LCCは格安運賃が売り物です。

　例えば、大阪から沖縄に飛ぶ場合、同じ曜日で調べてみると、FSCだと片道で2万円台の運賃がかかる日でも、LCCであれば1万円前後で航空券が買えます。

　ただし、LCCの場合、FSCより座席の間隔が狭く、また手荷物を預けることや機内での飲み物サービスも有料になります。

　これに対して、FSCでは手荷物は一定の重量までは無料で預けることができ、また機内での飲み物もほとんどが無料です。座席もLCCより広く、特に国際線のファーストクラスやビジネスクラスは、座席が広いうえに壁で仕切られています。また180度のリクライニングで寝

心地のよいベッドにもなり、各席に大きなシートテレビが配置されているなど、個室のような空間が提供されている航空会社もあります。

写真2-5／国際線ビジネスクラスの座席　[出典：写真提供ANA]

2.5　航空会社の戦略

　このようにサービスが進化し、また会社により異なっているのは、海外も含めた航空会社間の競争や、国内でも新幹線等との競争があるためです。

　旅客が航空会社を選ぶ要素としては、前述した「価格」や「サービス」に加えて、その会社がどこに飛んでいるのか（路線ネットワーク）や、乗った距離に応じて特典がもらえる「マイレージ」等が挙げられます。

　「価格」「サービス」「路線ネットワーク」「マイレージ」でどのように他社との違いを打ち出していくのかが航空会社としての重要な戦略になります。

　マイレージの戦略について具体例を見てみましょう。

　航空会社が利用者の搭乗実績に応じてポイント（マイレージ）を付与し、利用者は貯めたマイレージを使って無償航空券やアップグレード（予約したものよりランクが上のクラスの座席に搭乗すること）の権利を獲得したり、航空会社と提携したいろいろな会社の航空関係以外の商品をもらうことができるというサービスです。最近では、航空利用以外でも提携先の商品購入でマイレージを獲得でき、そのマイレージを使って航空以外のサービスを受けるようになるなど、航空機利用の枠を超えた展開も見られます。マイレージは航空会社にとって、顧客を囲い込むための戦略というだけでなく、新たなビジネスとしても成長しつつあります。

2.6 空港で働く人びと

皆さんは、「航空」に関わる仕事と聞いて何を思いつきますか？
一番イメージしやすいのは、機内にいるキャビンアテンダント、空港のカウンターやゲートでお客様と接するグランドスタッフ、そしてパイロットでしょうか？　しかし、その人たちだけでは飛行機は飛ばせないのです。
そこで、飛行機を飛ばすために空港で働いている人たちを紹介します。

キャビンアテンダント

飛行機の機内でお客様を迎え、いろいろなサービスを提供してくれます。また、離発着時にシートベルト着用の確認を行ったり、緊急時には飛行機からの脱出を誘導するなど、お客様の安全を守る保安要員としても重要な役割を担っています。

グランドスタッフ

空港でお客様を迎え、搭乗手続きや手荷物の預かり、そして搭乗口での最終改札業務などを行います。危険物の機内持ち込みを防いだり、お客様が間違った便に搭乗しないよう確認するなど、飛行機の安全と定時出発に関する重要な役割も担っています。

第 2 章／空から見る日本《進化する航空》

パイロット

飛行機の操縦を担います。飛行機は最低2名のパイロット（機長と副機長）で運航されます。パイロットになるためには、国が定めた資格を取る必要があり、そのために長い訓練期間が必要となります。なった後も資格を維持するための自己管理が求められます。

整備士

空港に到着した飛行機を次の出発までの間に点検し、不具合箇所があれば修理します。
それ以外に、格納庫で定期的な点検や時間のかかる修理を行う整備や、エンジンや装備品などを専門的に取り扱う整備の仕事もあります。

グランドハンドリング

到着した航空機を誘導するマーシャラー、荷物の搭降載業務、出発便を車両で自走できる場所まで押し出し移送する「プッシュバック」という仕事などがあります。飛行機の周りで、安全な離発着と定時運航を支えています。

017

貨物サービス

航空機を利用して多くの貨物も国内外に輸送されます。最近は冷凍技術も進んで、日本で採れた魚介類が新鮮なまま、海外で提供されるということも珍しくありません。こういった貨物の受付や飛行機に運び込むためにコンテナに積み込む作業などが行われる「貨物上屋」と呼ばれる場所が各空港にあり、そこでも大勢のスタッフが働いています。

オペレーションマネージメント

飛行プランを作成したり、実際の運航状況をモニターし、必要に応じて機内や関連部署と連携して運航の安全や定時性を守ります。天候、重量、当日の運航経路や各空港の混雑状況などで変化する条件のもとでコントロールや判断を行い、運航を支えています。

以上が、航空会社やそのグループ会社で働く人たちですが、これ以外にも、空港内で使用する特殊車両を修理するスタッフ、機内に危険品が持ち込まれないように手荷物検査を行うスタッフや、各空港での航空機の離発着管理や、出発した飛行機への誘導や指示などを行う管制官の仕事もあります。

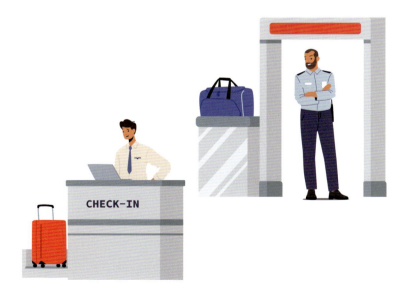

2.7　航空と安全

　今は航空機の技術も進歩し、また航空各社の安全対策も徹底しているので、航空機は極めて安全な乗り物で、大きな事故はほとんどありません。

　これは航空会社や空港、管制が常に安全を最優先して業務を行っているためです。

　また、どこかでミスがあっても、それをチェックし、大きな不具合になる前に防止する仕組みもあらゆる業務で徹底されています。

　航空各社の経営方針やビジョンでも常に安全が掲げられており、そして一見華やかに見えるキャビンアテンダントやグランドスタッフの仕事でも、最も重要な任務は安全の確保になっています。

　このように、航空で働くすべての人の意識と行動が、日々の安全運航を支えています。

写真2-6_2-7／空から見た日本の風景
[出典：筆者撮影]

第3章
Chapter3
ホスピタリティを極める
ホテル・旅館

Q あなたが旅で期待することは？

A その地域特有のおもてなしかな。

3.1 宿泊施設の誕生と発展

　旅の目的は何でしょうか？　人類は文明の発達に伴い定住するようになりましたが、生活物資の調達や軍隊の遠征、そして商業活動とさまざまな目的で定住地を離れ、再び戻るようになりました。"旅は野宿"が当たりの時代から、古代ヨーロッパでは貨幣経済の定着と道路の整備が進むにつれて、旅行者のための宿泊施設が街道沿いに作られました。また、キリスト教が絶大な勢力を持ち、聖地巡礼の旅が頻繁に行われた時代でもあり、カトリック教会が巡礼者のための提供した宿泊施設はホスピス（Hospice）と呼ばれています。その語源は、古代ラテン語のホスペス（Hospes）です（図3-1）。ホテル（Hotel）やホスピ

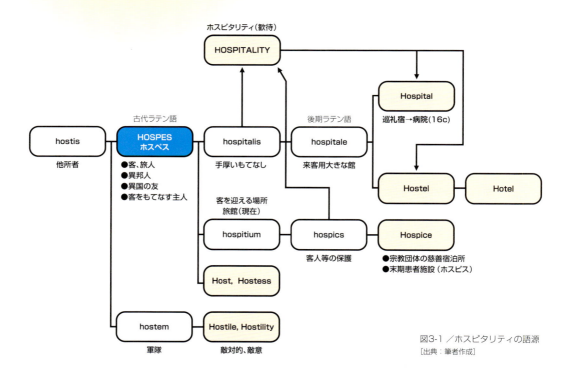

図3-1／ホスピタリティの語源
[出典：筆者作成]

タル（Hospital：病院）、そしてホスピタリティ（Hospitality：おもてなし）なども同源で、ラテン語のHOが「人」を表す接頭語であると聞くと、とても興味深いですね。

一方で、日本では奈良時代の仏教僧が布教のために民衆と協力して各地に作った旅人の一時救護・宿泊施設である「布施屋」が旅館のルーツといわれています。そして島国である日本で旅館は独自の発展をします。宿泊をともなう国内旅行の目的を上位から見ると、観光、グルメ、温泉の順となっています（図3-2）。

写真3-1／日本の旅館

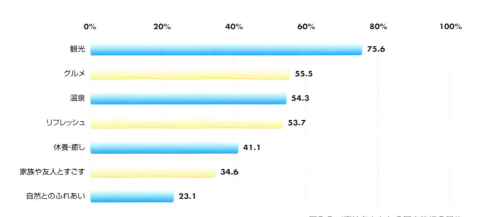

図3-2／宿泊をともなう国内旅行の目的
［出典：https://www.orangepage.co.jp/］

豊富な自然の恵みと営々と守り伝えられている伝統と文化は、魅力ある観光資源となり、日本各地の宿泊施設の充実が進みました。そして長年にわたり培われた"和のおもてなし"を体験できることで、旅館に泊まること自体が旅行客の一つの大きな目的になっています。

　ヨーロッパ、そしてアメリカにルーツを持つホテル。特に2000年以降は外資系高級ホテルチェーンの日本進出が加速しています。今、日本では、急増する外国人観光客（インバウンド）によるオーバーツーリズム（観光公害）が大きな問題になっていますが、交通網の整備にくわえ、各自治体が魅力ある観光資源の発掘とコンテンツを提供することにより、急増するインバウンドの地方への誘客を図り、オーバーリズムの緩和に取り組んでいます。それにともない、外資系ホテルも大都市だけでなく日本の地方でも相次ぎ開業を続けています。

　昨今、日本の「おもてなし」の文化と精神を共有する日本の旅館と、西洋生まれのホテルの垣根が急速に低くなりつつあります。日本の宿泊業は、日本独自の旅館文化と西洋のホテル文化がお互いの長所を共有し高めながら、今後ますます進化し共存共栄していくことが期待されています。

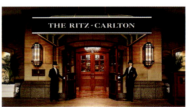

写真3-2／ザ・リッツカールトンホテル大阪
[出典：じゃらんnet]

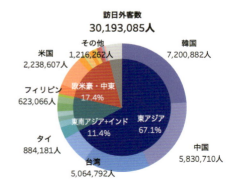

図3-3／訪日外客数（2024年）
[出典：日本政府観光局（JNTO）]

3.2 多様な人々を受け入れる

　コロナの終息とともにインバウンドが急増し始めました。2024年上半期累計は1,700万人を突破し、年間では2019年の過去最高人数3,188万人に近い3,019万人になっています（図3-3）。2030年には政府目標の6,000万人、そして2050年代には"インバウンド1億人時代"に入るといわれています。消費額に関しても過去のピークであった2019年の4.8兆円に対して、同じく2024年1～6月の期間ですでに3.9兆円に達しており、訪日外国人消費は日本の主要な輸出産業と肩を並べる外貨の稼ぎ手となっています。

　一方で、図3-3のグラフでも見られるように、訪日客は近隣の韓国や中国といった東アジアの国々が7割近くを占めており、今後さらにインバウンドの受け入れと消費額を増やすためには、訪日外国人の国籍多様化を図ることが課題です。東南アジア諸国では所得の向上が進み、海外旅行需要が高まっています。また、円安を追い風に長期滞在を好む中東や欧米の富裕層の訪日増加も期待されています。

　日本の観光業、特にその中核になる宿泊産業にとっては飛躍の絶好のチャンスが訪れていますが、乗り越えなければならない課題もいく

つかあります。まず昨今の企業の深刻な人手不足問題です。接客サービスが基本の労働集約型産業の宿泊業では、従業員の多役化や外国人労働者の雇用、またDX化[※1]をすすめて人員を最小限に抑えるなどの対応が求められます。次に言葉の問題です。英語を中心に日本人の外国語での応対力はまだ十分ではなく、学校教育現場も含めて"使える語学"の修得をしっかりと進めること、また多言語翻訳機などIT機器による対応も選択肢の一つとして考えられます。しかしながら、いずれにしても日本の旅館、ホテルに根付くおもてなし文化を損なわないよう十分な方法を採らなければなりません。

　最後に、多種多様な外国人の受け入れにあたって、もっとも気をつけなければならないことは、異文化、異風土、異宗教に対する理解ときめ細かい配慮です。例えば、経済成長が続く東南アジアのインドネシアでは国民の9割にあたる約2億3,000万人が、アラビア語でイスラム教徒を意味するムスリムです。イスラム教には食事や礼拝をはじめ、生活全般にさまざまな教えがあり、彼らはその教えを実践できるよう生活をしています。ムスリムに安心して宿泊していただくためには、施設内に礼拝場所を確保したり、豚肉やアルコールなど彼らが口にしてはいけない食べ物や飲み物を提供する食事から外す、あるいはアレルギーの原因となる物質であるアレルゲンを含め、成分が絵でわかるピクトグラム（図3-4）を用意するなどの配慮が必要です。

　さまざまな国から年間1億人のインバウンドを受け入れるためには、その産業基盤であるインフラ（道路や交通網、宿泊施設など）をさらに充実させることも含め、今後、以上のような課題に官民一体となって取り組む必要があります。

ハラール：イスラム教で食することが禁じられている食材
図3-4／成分表示ピクトグラム
[出典：公益社団法人 北海道観光振興機構]

※1）Digital Transformation（デジタルトランスフォーメーション）の略。さまざまなデジタル技術を用いて、企業の業務の改善や新しいビジネスモデルを創出すること。

3.3 サービスとホスピタリティ

　ホテルやブライダルの業界は、サービス産業とかホスピタリティ産業と呼ばれています。それではホスピタリティとサービスの違いは何でしょうか？　例えば、ホテルやレストランで支払いをする場合、サービス料として10%程度が加算されますが、ホスピタリティ料とは言いませんね。つまり、ある接客サービスに対して対価が発生する場合の行動を "サービス" と呼ぶことができます。一方で、お客様の希望を事前に察知し見返りは求めずに行動に移すこと、そしてそのためにはお客様と同じ目線に立ち、心を共有ができていることがホスピタリティの本質と言えます (表3-1)。

	サービス　Service	ホスピタリティ　Hospitality
意味	奉仕する、仕える	歓待、おもてなし（の心）
語源（ラテン語）	servitus（セルヴィタス） 意味：「奴隷」	Hospics（ホスピス） 意味：「客人等の保護」
発展（英語）	slave「奴隷」、servant「召使」	hospital「病院」、hotel「ホテル」
関係性（人↔人）	プロセスの代行（狭義） 主従関係	相互性、互酬性（Win-Win） 主客対等（同一）
提供する物	無形財	心
対価	発生	無償
性質	いつでも、どこでも、 誰にでも顧客サービス	この時、この場、 この人だけ個客サービス

表3-1／サービスとホスピタリティ
［出典：筆者作成］

　一方で、企業の目的は企業活動の存続であり、事業を続けるためには利益を出さなければなりません。利益を向上させることが企業経営者の最大の責務であり、売上を上げ、経費を抑えることがそのための唯一の方法です。

$$ 売上 - 費用 = 利益 $$

ホテルも同様に、運営責任者であるホテル総支配人（General Manager）のもっとも重要な任務は、ホテル経営の一つの指標としてもっとも重要な数値であるGOP（Gross Operating Profit：ホテル運営総利益）を最大にすることです。宿泊やレストラン、宴会などホテルの営業部門の売上向上のためにさまざまな施策を打つとともに、日々のホテル営業にともなうさまざまな経費の変化にも目を光らせます。

　一方で、経営の神様と呼ばれ、「マネジメント」の発明者でもある経営学者のピーター・ドラッカーの名言に「企業の目的＝顧客の創造」があります。つまり顧客に価値を提供し、顧客満足度（CS：Customer Satisfaction）を向上させることが企業経営の原点であり、利益の確保は必須ながら、同時に顧客の創造という本来の目的も忘れてはなりません。

　「顧客満足度（CS）」、「従業員満足度（ES：Employee Satisfaction）」、「業績」の因果関係を示すモデルに、サービスプロフィットチェーンがあります（図3-6）。例えば、顧客満足度の向上は業績向上に直結します。自社の商品やサービス、利用体験に満足する顧客がいた場合、リピーターとなって次回も商品を購入してくれ、ファンとなって良い口コミをまわりに伝えてくれることもあるので将来的な業績向上につながります。また業績が上がれば、収益を従業員の給与や福利厚生へ回す余裕が生まれ、労働環境が改善できることから従業員満足度の向上も期待できます。このように、これら3要素にはすべて因果関係があり、どれか

図3-6／サービスプロフィットチェーン
［出典：https://www.peaks-media.com/7149/］

が向上すると他の項目も向上する良いサイクルを構築できます。反対に、うまくいかない場合、3要素すべてにおいて不満足な結果になり、悪いスパイラルに陥ってしまうリスクもあります。

　ホスピタリティ企業の経営の根幹は、その傘下の事業で質の高いサービスの提供によりCSを高めることであり、その結果を確実に利益につなげることです。
　それでは、これからのホスピタリティ業界において、その目標達成に果敢に挑戦できる経営人材に求められる力とは何でしょうか？

　①CS向上の実務経験が豊富であること。
　②ES向上策を通じて、従業員がCSと利益という相反する2つの向上課題に取り組むことができる環境を作ること。
　③各事業のサービスプロフィットチェーンの好循環を実現できること。
　④目線を世界に向け、常に市場のグローバル化に敏感であること。

写真3-5／シャングリ・ラホテル東京総支配人
Matthias Y. Sutter氏
[出典:https://safarilounge.jp/online/fashion/column/detail.php?id=4238&p=1]

第4章
Chapter4 スマートフォンでプラン
自分だけの旅

> **Q** 現地の予約を取るのが大変なんだけど。
>
> **A** スマートフォンを活用すれば便利ですよ。

　この章では、スマホひとつで旅行を計画・実行する時代の到来について紹介します。スマホで宿泊や交通手段の予約、レストランの手配、現地アクティビティの予約などが簡単に行える「スマート・トラベル」の世界が皆さんの身近にやってきています。また、旅行会社の役割の変化にも触れ、デジタル化の中で進化を遂げる旅行サービスについても解説します。さらに、修学旅行の進化や、アニメやスポーツをテーマにした多様な新しいツーリズムの魅力も紹介しています。自分だけのテーマを見つけて、もっと特別な旅をデザインしてみましょう！

4.1 オンラインで簡単予約！便利な旅行サービス

　スマート・トラベルの世界、すなわちスマホひとつですべての旅行を完結できるような時代も、もうそこにやってきています。これにより旅行の計画から実行までが、より簡単で便利になります。

●**旅行計画**
　旅行の計画段階では、スマホを使って目的地の情報を収集し、宿泊施設やフライトを検討します。

●**移動**
　スマホの電子チケットやモバイル決済を利用して、電車や飛行機、バスなどの交通手段をスムーズに利用できます。

●**宿泊**
　旅行会社の宿泊予約アプリ（じゃらん、楽天トラベル、エクスペディア、ホテルズドットコム、アゴダ等）を利用して、好みの宿泊施設を予約し、チェックインもスマホで完了します。例えば、ホテルのチェックインをスマホで事前に行い、QRコードを使って部屋に直接アクセスできるシステムがあります。

●食事

　食事もスマホで簡単に解決。レストランの予約アプリを使って食事の手配をしたり、デリバリーアプリ（Uber Eats、出前館等）を利用して地元の食事を注文したりできます。

●活動

　スマホを使って、現地のアクティビティや観光スポットを予約し、地図アプリを利用して目的地にたどり着くことができます。旅行先の言語に不安がある場合は、翻訳アプリも活用できます。多様なスマホのアプリを使えば、観光スポットの情報やガイドが自動で表示され、位置情報に基づいておすすめのルートを案内してくれるサービスもあります。例えば、京都市では「京都観光Navi」で、リアルタイムでの混雑状況、ライブカメラ映像やお勧めの観光ルートを提案しています（図4-1）。

図4-1／京都観光Navi　［出典：https://ja.kyoto.travel/comfort/］

●コミュニケーション

　SNSやメッセージアプリを使って、どこにいても友人や家族と簡単に連絡を取り合うことができます（インスタ映えで情報拡散も）。

●モバイル決済

　日本国内では、PayPayやLINE Payが普及してきていますが、海外でもApple pay、Google payで、観光地やレストラン、交通機関など、現金を持たずにスマホ一つで支払いを完了できます。今後はいろいろな決済の会社が増えていく予定です。

　このように、AI（人口知能）技術等の目まぐるしい発達は、音声やタッチ認識で、今後よりスマートに、より個人の希望に合った旅行の提供が可能になると予測できます。

4.2 旅行会社のサービス

　4.1の旅行についての予約や情報提供は、実は旅行会社の得意とする仕事でした。しかし、デジタル化の進んだ現在では、旅行会社に頼らなくても可能になってきました。では旅行会社の役割は何でしょう。昔と今を比較してみましょう。

　以前は、取次ぎが中心的な仕事でした。販売元（鉄道会社や宿泊施設など）からの販売手数料、顧客への手続き手数料が主な収入源です。旅行会社は、旅行計画のすべてを一手に引き受ける存在でした。交通手段や宿泊施設の手配、観光地の案内など、旅行者が直接手配する手間を省くためのサービスを提供していました。

　現在は、デジタル化が進むなかで、旅行者自身がインターネットで情報を集め、直接予約をすることが増えてきています。そのため、旅行会社は単なる従来型の旅行者から依頼された予約手配業務だけでなく、以下のような特別な体験を提供する企画やカスタマイズされた旅行プランの提案、旅のサポートやトラブル対応など、付加価値の高いサービスに注力するようになっています。

●体験型サービスの提供

旅行会社は、お客様に独自の体験を提供することが重要になっています。例えば、現地の文化や特別なイベントへのアクセスを含むオーダーメイドのツアー、専門ガイド付きの体験など、インターネットでは難しい高度な体験のコーディネートを行います。

●パーソナルアドバイザーとしての役割

自分で予約することが簡単になった一方で、お客様が情報過多に陥ることも増えています。旅行会社は、顧客のニーズや希望を把握したうえで、最適なプランを提案する「トラベルコンシェルジュ」としての役割が重要視されています。これは時間や労力を節約し、より個別に合わせた旅行を提供します。

●危機管理とサポート

旅行中のトラブルや緊急事態に対応することも旅行会社の重要な役割です。自然災害やフライトのキャンセルなど予期せぬ事態に対し、旅行会社は迅速に対応し、代替プランを提供するなどのサポートを行うことができます。このような安心感を提供するサービスは、特に海外旅行や不慣れな地域への旅行で価値が高まっています。

●持続可能な旅行の推進

未来を守る取り組みという意味でサステイナビリティが注目されるなか、旅行会社は環境、社会、経済面において持続可能な旅行を提案し、環境に配慮した旅行を推進する役割を担っています。地元のコミュニティや環境に貢献するツアーの提案などを行い、旅行の社会的価値を高める取り組みを進めています。

●ビジネストラベル

企業の出張などのビジネストラベルやMICE分野（Meeting, Incentive, Convention/Conference, Exhibition/Event）でも、旅行会社は重要な役割を果たしています。これらの旅行は複雑で多岐にわたる手配が必要なため、旅行会社の専門知識が必要不可欠です。

このように、旅行会社は単なる従来の予約代行ではなく、顧客体験の向上やサポート、交流を生み出す等の社会的責任を果たす方向へと進化しており、顧客に価値を提供する役割が今後ますます重要になっていくでしょう。

4.3 進化する修学旅行

「修学旅行の昔と今」

　昔の修学旅行は、学校（教師と旅行会社）主導でほとんどの計画を立て、宿泊施設や食事、観光地をまとめて手配することが多く、移動手段も、バスや電車が主流でした。修学旅行の目的地は、日本国内で歴史や文化を学べる場所が中心で、教育的な意味合いが強調されていました。当時は現在のように気軽に旅行に行くことができなかったので、できるだけ多くの観光地を日程に詰め込んでいました（写真4-1）。

　現代の修学旅行では、テーマ性が強まり、SDGsや地域活性化、異文化理解など、社会的な学びを重視する傾向があります。また、宿泊や食事においても選択肢が増え、生徒のニーズに応じた多様なプランが提供されることが多くなっています。移動手段も飛行機や新幹線が増え、遠方への旅行も一般的になりました。さらには、海外への修学旅行も増えてきています。

　近年、修学旅行では生徒が主体的に計画する形式や、B&S（Brother and Sister：写真4-2）プログラム[※1]のような体験型プログラムが増えてきています。これらの取り組みは、生徒にとって主体性を高め、異文化理解を深める貴重な経験となります。自分たちで計画を立てる経験は、責任感や協調性を育む機会となり、B&Sプログラムは、異なる文化を体験し、他者との交流を通じて多様な価値観を学ぶ機会になります。

写真4-1／明治大学予科生の修学旅行（1904年11月、日光東照宮門前）
［出典：『図録明治大学百年』（明治大学、1980年）］

ただの観光地巡りではない、地元の文化体験やアクティビティ（例：農業体験や伝統工芸体験）に参加する旅行も増えています。修学旅行受け入れ地域も「探究プログラム」を提案し、地域や歴史、キャリアについての探究をテーマとした修学旅行になっています。

写真4-2／B＆Sプログラム
［出典：JTB法人サービスサイト　https://www.jtbbwt.com/education/service/solution/jh/domestic/regional-program/oosaka-bs/］

4.4 進化する多様なツーリズム

「スポーツも、アイドルも、アニメもみんなツーリズム」

　新しいツーリズム「ニューツーリズム」は以下のように定義されています。ニューツーリズムとは、従来型の観光旅行ではなく、テーマ性の強い体験型の新しいタイプの旅行とその旅行システム全般を指します。テーマとしては産業観光、エコツーリズム、グリーンツーリズム、ヘルスツーリズム、ロングステイなど。旅行者の出発地で商品化される発地型商品と異なり、地域が主体となって旅行商品化を図ることから地域活性化につながるものと期待されています（JTB総合研究所，2024）。

※1］B＆Sプログラム：B＆S とは、Brother and Sisterの略で、国内外の修学旅行生生徒に対し、大学生や留学生がナビゲーター役となり、兄弟、姉妹（Brothers ＆ Sisters）のように交流しながら同行観光することにより、観光地や街を散策しその魅力を紹介するプログラム。

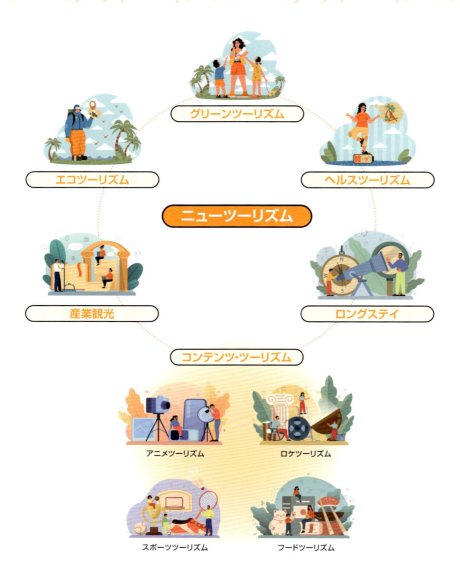

　ニューツーリズムのなかでも、いろいろなテーマを観光のコンテンツとして、その舞台である土地を訪れる観光行動を総称してコンテンツ・ツーリズムともいわれています。具体的には、映画、テレビドラマ、アニメ、ゲーム、音楽、漫画、雑誌、書籍、小説などの情報作品の舞台を訪れる観光のことです。その舞台を訪れることを聖地巡礼ともいい、例えば、アイドル聖地巡礼は、出演番組やミュージックビデオのロケ地、アイドルの出身地などのアイドルゆかりの地を巡ることです。これらは人の交流を生み出し、地域への経済効果も期待できるので、地域の活性化に結びついています。

［ニューツーリズムの具体例］

◎エコツーリズム

　地域にある自然の環境や文化・歴史を体験し、学ぶとともに、対象となる地域の自然環境や歴史文化の保全に責任を持ち、観光振興、地域振興につながる観光。例えば、エコツーリズムの聖地とされる「ガラパゴス」では入場料を環境保全に充てています。

◎グリーンツーリズム

　都市部に住む人々を対象に、農山漁村に滞在し農漁業体験を楽しみ、地域の人々との交流を図る余暇活動（例：農泊）。長期バカンスを楽しむことの多いヨーロッパ諸国で普及しています。

◎ヘルスツーリズム

　旅行という楽しみのなかで、健康の回復や健康増進を図る活動、そして旅をきっかけに健康へのリスクを軽減する活動で、例として健康ウォーキング・サイクリング、森林浴、温泉浴、水中運動、食事等などが挙げられます。ウェルネスツーリズムとも呼ばれています。

◎ロングステイ

　同じ場所に長く滞在し、日常生活を通じて現地の人や文化、慣習に触れる旅行の一形態。滞在期間の定義は特になく、2週間程度の滞在を指すこともあります。もともとは生活費の安さなどから海外でのロングステイが注目され、新しい旅行スタイルとして注目を浴びました。日本国内でも各地域が町おこしの一環としてロングステイの誘致に力を入れています。

◎産業観光

　歴史的・文化的価値のある産業文化財、生産現場、産業製品を観光資源として活用。地域を支えている各種産業は、文化遺産や自然等と同じ特徴的な観光資源になっています。

◎コンテンツ・ツーリズム

　アニメや映画、スポーツ、アイドル、産業、食など、特定の文化コンテンツを目的とした観光。それらのコンテンツを通じて感じたイメージや物語がその地域の魅力となり、それを観光に活かしています。

▶ロケツーリズム

　映画やドラマが撮影された「ロケ地」を観光資源として活用。作品の世界観をより深く楽しむことができます。

▶アニメツーリズム

　アニメやマンガ等の作品の舞台となった「アニメ聖地」を観光資源として活用。

▶スポーツツーリズム

　スポーツに参加する、見に行くための旅行および、それにともなう周辺観光や、スポーツを支える人々との交流などスポーツに関わるさまざまな旅行。

▶フードツーリズム

　地域ならではの食、食文化を観光資源として活用。特に欧米で広く普及しています。

第5章

Chapter5

魅力いっぱい
イベントで楽しもう

> **Q** イベントは見に行くものですか？
>
> **A** 見るだけでなく、体験などいろいろあります。

5.1　イベントとは

　「イベント」は英語「EVENT」の外来語ですが、辞書で調べると「出来事」とあります。しかし、私たちはイベントにもっと"特別"な意味があるように感じます。特別な出来事、いつもとは違う出来事といった感じでしょうか。ここではイベントについて考えてみましょう。

　みなさんはイベントと聞くとどのようなことを思い浮かべますか。誕生日や入学式・卒業式、夏祭りやライブ、コンサートをイメージする人もいるでしょう。また、最近、日本でも開催されたオリンピックや万国博覧会（万博）などの国際イベントもあるでしょう。このように多くの人が関わる国際的なイベントからプライベートなイベントまで多くの種類があります。その共通点は「時間」と「場所」を他の人と「共有」することです。そして、それには普段の出来事とは違った"特別なコト"があると言えます。

5.2 イベントの目的

　イベントは昔からありました。例えば「まつり」もそのひとつと言ってよいでしょう。昔の暮らしは厳しくつらいものでしたが、多くの人と協力し農作物を育て収穫をむかえるとみんなで喜び合いました。その喜び合った場がイベントのはじまりでした。このような場を「ハレ」と言いました。今でも「ハレ舞台」といった言葉が残っています。特別な場所に特別な服「ハレ着」を着て参加するといったコトがありました。

　このようにイベントは普段とは違う特別な時間と場所を共有して、周りの人とこれからも協力し合う「きっかけ」をつくる場だったと言えます。イベントには何かのきっかけ、つまり何か「目的」があるのです。気づかないことが多いかも知れませんが、誕生日にも入学式にも目的があるのです。誕生日を家族や友だちと祝うことで成長をよろこび、家族の愛情や友情を感じますし、思い出となります。入学式を迎えることで、新しいステージに立つよろこびと期待に胸を熱くします。結婚式は人生でとても大切なイベントのひとつです。ふたりの永

遠の愛を誓う場であるとともに、多くの人にふたりの婚姻関係を知ってもらうための場でもあります。

　なかには、入場料などのお金儲けが目的のイベントもありますが、これは「興行」といいます。しかし、そのようなビジネスとして行われているイベントでも、そこを訪れる人にはそれぞれの目的があります。推しのアイドルに会うことでリフレッシュしたり、お笑いで嫌なことを忘れたりできますよね。イベントの目的は何なのかを考えてみると、いろいろと見え方が違ってきますので、ぜひチャレンジしてみてください。

5.3 国際イベント（オリンピックと万博）

　2021年東京オリンピック・パラリンピックが開催されました。1964年にアジアで初めてのオリンピックが東京に開かれてから2度目のオリンピックでした。しかし、新型コロナウィルス感染症が世界中に広がり大きな影響を与えるなか、オリンピック史上初めて開催を1年延期したうえ無観客で行われました。1896年に始まった近代オリンピックは4年に一度開かれています。「平和の祭典」として戦争が行われていても休戦してオリンピックを続けてきた長い歴史があります。いろいろと問題はありましたが、開催により歴史と伝統を守ることができました。オリンピックの目的はオリンピック憲章でしっかりと定められていますが、その特徴は、多くの国がいろいろな競技で同じ期間に同じ場所（都市）で行われることといえるでしょう。

2025年日本国際博覧会（大阪・関西万博）が開催されます。テーマは「いのち輝く未来社会のデザイン」です。国際イベントは開催までに長い準備期間があります。この大阪・関西万博もコロナ前に開催が決まっていました。このテーマはアフターコロナにふさわしいものだと考えます。

　1851年にロンドンで第1回の万博が開催されました。日本が初めて参加したのは1867年パリ万博。この年は江戸幕府が終わった年でした。日本で初めて開催されたのは1970年、大阪でした。この時のテーマは「人類の進歩と調和」でした。

　1964年東京オリンピックと1970年大阪万博の成功は、日本の経済発展への大きなきっかけであったと考えられています。

5.4 イベントに関わる人たち

　イベントには目的があると述べました。その目的を達成するために多くの人が関わっています。大きく「主催者」と「来場者」に分けて考えてみましょう。主催者にはイベントを開催する目的があります。なかには、主催者をサポートする「制作者」や、出演者や出展者などの「参加者」がいます。一方、イベントを訪れる一般的にいうお客さんである「来場者」や「観客」がいます。このようにイベントは多くの人が同じ場所、同じ時間に集まって成り立っています。また、昨今のイベントは、関わらない多くの人、つまり「社会」から切り離すことはできません。このようにイベントに関わる人たちは多くいます。

　ここで良いイベントとはどのようなものか考えてみましょう。主催者は何らかの目的があって実施するのですから、来場者がそれを理解できるものが良いイベントと言えるのではないでしょうか。そのために、主催者の目的が来場者に"うまく伝える"ために専門的な仕事をする人がイベントには関わっているのです。楽しかったり、わくわくするようにうまく伝われば、それは良いイベントだと言えるでしょう。

5.5 イベントの内容

　イベントの内容は実施する日にはじめて形になります。実施にいたるまでに、企画・計画・制作の段階があり、多くの人と協力して当日をむかえます。イベントは形が無いので、多くの人と内容を共有するための企画書や、当日は運営のための構成表や進行台本を用意する必要があります。また、実施日（期間）が決まっているので、それまでしっかり準備をすすめるために工程管理をしなければなりません。また、どのぐらいお金がかかるかといった予算管理が必要になります。さらに、人が集まるのですから、事故が起きないように安全管理が必要となります。

　上記の基本的なことがらを押えたうえで、内容が重要になります。場所や会場をどこにするのか、プログラムの中身、それに関わる設えについてアイデアに新しい何かがあれば、魅力あるイベントになります。

5.6 イベントと観光

　イベントと観光とはいろいろな形で関わっています。観光は物見遊山(ものみゆさん)といった名所や景観を楽しむことから体験型観光へと移っています。ここでは、イベントが観光にどのように関わるかについて見てみましょう。

(1) イベントを見る

　はじめに思い浮かぶのが、イベントを見に行くことです。オリンピックや万博といった大イベントはもちろん、地方のお祭りや花火大会もあります。観光資源としてのイベントは、ますます重要な要素となっています。

(2) イベントに参加する

　来場者としてではなく、参加者としてイベントに関わることもあります。わかりやすい例ですと、マラソンイベントなどでランナーとしての参加を挙げることができます。この他、ビジネスの世界では「MICE（マイス）」[1]といわれる会議などに参加することもあります。

(3) イベントとしての旅行

　修学旅行や新婚旅行。みなさんにとって思い出深い場所、観光地へ訪れることそのものがイベントと言えます。それはどこへ行くかでは

---

[1] MICEとは、企業等の会議（Meeting）、企業等の行う報奨・研修旅行（インセンティブ旅行：Incentive Travel）、国際機関・団体、学会等が行う国際会議（Convention）、展示会・見本市、イベント（Exhibition/Event）の頭文字を使った造語で、これらのビジネスイベントの総称です（日本政府観光局：JNTO）。

なく、誰と行くかがとても大切になります。好きな人と行けばどこでもすてきな場所になりますよね。

5.7 これからのイベント

　テレビやラジオなどをマスメディアと言います。テレビなどは多くのことを視聴者に伝えてくれますが、視聴者がテレビ制作者へ伝えることはできません。一方的なコミュニケーションしか取れないのです。
　イベントをメディアとしてみてみましょう。拍手をしたり歓声を起こしたり、その場ですぐに気持ちを表すことができます。イベントは送り手である主催者と受け手である来場者が同じ時間に同じ場所にいるから、双方向でコミュニケーションができると言えます。
　しかし、情報端末が発達したWebメディアは、これまでとは違ったイベントの広がりが見られます。例えば、オンラインイベントやオンライン会議はコロナ禍で急速に広がりました。ただ、動画やビデオとの違いは、ライブつまりリアルタイムで配信される、つまり時間の共有は欠かせません。その一方で、ますます会って時間を共有することの価値が高まっていると言えます。
　このようにイベントもその特性と機能が新しくなっていますが、その基本は、何かの目的を達成するために時間と空間を共有することにあるのです。

第6章
Chapter 6
まちづくりとは

まちづくりに欠かせないものは？

歩いて、体験して楽しめるまちづくりです。

6.1　歩きたくなるまちに

　皆さんが住んでいるまちはどんなところでしょうか。活気にあふれたまち、静かで暮らしやすいまち、豊かな自然に囲まれたまちなど、さまざまな顔があります。

　少子高齢化が進む日本の都市では、まち中ににぎわいを創り出すことが多くの都市に共通して求められています。そしてこれまでクルマ中心に整備されてきた都市空間を、ひと中心、徒歩や公共交通を中心に、ライフスタイル自体も歩く暮らしにあった環境にしていこうといった活動が始まっています。人々が歩くことでお店ができ、人が集まるようになり、まちの活性化につながるのです。

　大阪市では、車中心から人中心のみちを目指す「御堂筋将来ビジョン」という指針を定めて、御堂筋の副道を歩行者や自転車の空間に転換しようとしています。主に、歩行者空間と自転車通行空間を分けること

写真6-1／「御堂筋将来ビジョン」
上：GPSMYCITY, 大阪市内御堂筋
下：The Yomiuri Shinbun/The Japan News, 2022年5月28日付

やイチョウの根が伸長するためのスペースを確保、照明灯のリニューアルなどが挙げられます。また、南海なんば駅周辺では、大阪のおもてなし玄関口として、憩いの場をつくり、活用するために駅前広場等の歩行者専用空間の再編をしています（写真6-1）。

　このような活動は「道路を活用すること」、「歩きやすくすること」だけではなく、人にやさしい「ウォーカブル」（歩ける）、つまり歩いて楽しめるまちにしようと自治体、住民、近隣の企業などが協力しているのです。

6.2　まちを再び元気に

　四国の香川県は瀬戸内海に面し、さぬきうどんで有名な「うどん県」としても知られています。また古くから「こんぴらさん」として親しまれている「金刀比羅宮」や「栗林公園」の他、「直島」や「小豆島」など多彩な観光スポットが魅力な地域です。

　「金刀比羅宮」（香川県琴平町）は、参道口から本宮までは785段、奥社までの合計は1,368段と長い石段があり、朝早くから夕方までお参りする人々の姿をみることができる歴史ある神社です。

　しかし、かつて参道の賑わいで活気のあった表参道につながる「新町商店街」は、少子高齢化等によってシャッター商店街（店が商売を続けられずにシャッターが閉まったままになっている状態）になっていました。

写真6-2／香川県の名物「讃岐うどん」
［出典：うどん県旅ネット］

写真6-3／うどん学校の様子
［出典：うどん県旅ネット］

そこで琴平町の豊かな自然や歴史、文化を活かし、地域が活性化を目指そうと、大手企業が中心になり新たなプロジェクトが始まりました。

　最初に行った活動として、商店街の個店を結び、ひとつのホテルのように見立てる「地域まるごとホテル」で、2020年4月開店の「琴平文具店」をオープンしました。その後、2023年には空き家、空き店舗を改修して地ビールのお店を始めました。2024年10月31日には、「ベーグルショップ」、「日本茶カフェ」、そして宿泊施設が開業となり、琴平版アルベルゴ・ディフーゾ[※1]、「地域まるごとホテル」がスタートとしたのです。

　訪日外国人（インバウンド）向けの宿泊施設は、日本家屋の特徴を残して改装しました。キッチンやランドリーも完備しているホテルですが、食事の提供はありません。町内の飲食店を利用してもらいます。

　海外からの観光客は、食事のためにホテルを出て、まち歩きを楽しみながらお店の人と交流しこのまちをより知ることとなるでしょう。その結果、また訪れてみようと思ってもらえることがまちの活性化につながるというわけです。

写真6-4／「琴平文具店」
[出典：PASONA、2023.12.21ニュースリリース]

※1] イタリアで少子高齢化による過疎対策、特に「空き家問題」を観光産業で解決しようという取り組みを指し、集落内の空き家等をホテルとして再生し、レセプション機能を持つ中核拠点を中心に、宿泊施設やレストラン等を水平的にネットワーク化（一体化）するというものであり、日本語では「地域まるごとホテル」といわれることもある（出典：アルベルゴ・ディフーゾ インターナショナル 極東支部ホームページ）

6.3 国内外から生徒が集まる高校の学びとは

　これから紹介する地域では、ユニークな取り組みが行われています。その事例として島根県隠岐諸島の島前地域（海士町、西ノ島町、知夫村）を紹介しましょう。

　島根県の北60キロ、日本海に浮かぶ隠岐諸島は、島前（どうぜん）と島後（どうご）の2つのエリアに分かれています。島前は西ノ島町（西ノ島）、海士町（中ノ島）、知夫村（知夫里島）の3つの島からなり、島後は隠岐諸島最大の島でもある隠岐の島町を指します。ユネスコ世界ジオパークにも認定された自然環境が魅力です。

　島前地域は、景勝地「摩天崖」や日本の名勝「知夫赤壁」に加え、後鳥羽上皇や後醍醐天皇が配流された地として歴史的にも良く知られ、神楽や民謡などの豊かな歴史文化、3島すべてが国立公園に指定されています。江戸時代から外部との交流をさまざまな形で行っており、そうした歴史的な経緯からも、よそ者に対する拒否感がなく、もてなしの精神を持つ土地柄が醸成されてきたともいわれています（総務省2008）。

　島前地域では、廃校寸前だった島唯一の隠岐島前高校を魅力化し、国内外から生徒の集まる人気校へと進化させ、地域の活性化に成功し

写真6-5／隠岐島前高校のパンフレット（令和6年度学校案内）
[出典：隠岐島前高校ホームページ]

ています。2010年に全国から意欲ある生徒を募集する「島留学」を開始しました。

　隠岐島前高校の学びは、海士町と主な産業である漁業と観光を中心に景勝地「摩天崖」を有する西ノ島町、畜産が主な産業で、国の名勝天然記念物「赤壁」を有する知夫村の3つの地域すべてが舞台です。地域資源が豊富ですが、少子化、高齢化、過疎化といった「課題先進地」という特性を最大限活かした授業を行っています。この地域では神楽や民謡、俳句といった歴史文化があり、全国から集まる大人たちとの出会いなど、教科学習の枠を飛び越えて、学べる魅力的な環境があります。地元の島内生と島外生がともに学ぶことで、多様な価値観や文化が交わり多くの学びが生まれ、最近では海外からの留学生も見られます。

　このような取り組みの結果、島前高校の全校生徒数は約90名（2008）から現在は約150名となっています。

　この制度について、島前ふるさと魅力化財団によると、全国各地の若者たちが島根県、隠岐島前地域（海士町、西ノ島町、知夫村）で暮らし、働くことができる制度により、これまで4年間で約400名の若手社会人や大学生が参画しているそうです。

　島前地域の3つの島によるさまざまな取り組みの結果、人口が増加局面を迎え、令和の初めには人口642人となり、国の推計よりも50人以上多い結果となりました。

　このように観光目的だけでなく、定住だけでもなく、地域と多様に関わる人々を指す言葉を「関係人口」（総務省）といいます。地域の特徴にもよりますが、これからは地方にとってこの「関係人口」をいかに増やすかが重要になると思われます。

図6-1／隠岐島前高校の位置イメージ
[出典：隠岐島前高校ホームページ]

6.4 働きながら観光も楽しむ時代

　新型コロナの拡大によってリモートワークが急増し、働き方が多様になりました。

　コロナ禍以降、会社や自宅などの決まった働き場所を持たず、Wi-Fiなどを利用してさまざまな場所を移動しながら仕事をする人をデジタルノマド、あるいはリモートワーカーと呼んでいます。このノマドとは、定住地を持たない遊牧民を指すとされています。

　このデジタルノマドに対して各国はビザを発行しています。リモートワークをしながら6カ月から数年間といった長期間、その国での滞在を許可するビザです。世界観光機関（UN Tourism）によるとこのビザは、個人が外国で生活し、仕事をしながら、雇用を維持したり、母国または他国の雇用主や顧客のためにフリーランスの仕事を行ったりすることを可能にします。日本もデジタルノマドの制度（年収1,000万円以上の外国人リモートワーカーが対象で180日間滞在できる）を開始する予定とのことです。

　国内でも働きながら観光も楽しめるスタイルがあります。これを"ワーケーション"といいます。仕事（Work）と休暇（Vacation）を

組み合わせた造語で、旅先の宿泊施設や観光地などで仕事をする新しい働き方を指します。観光庁も多様な働き方の実現や旅行機会の創出などに向積極的にこのワーケーションを推進しています（写真6-6、図6-2）。

写真6-6／ワーケーション
［出典：観光庁］

図6-2／体験型＋業務型の2つ
［出典：観光庁］

この働き方にはいくつかあります。

▼体験型
　■観光地にある会社のサテライトオフィスで仕事をして、休日はその場所で休暇を過ごすというスタイル

▼業務型
　■リゾートホテルの会場を利用して、社内研修を実施する
　■キャンプ場で職場のメンバーと企画開発の会議を開く
　■観光地にある地域関係者のもとを訪れ、地域活性化に向けた取り組みについて議論する

といったスタイルです。

　近い将来、皆さんの働くスタイルも現在と大きく異なってくるのではと思われます。

第7章 スポーツと食の観光

Chapter 7

> **Q** スポーツツーリズムって何ですか？
>
> **A** スポーツを通じて観光地の魅力を体験することです。

7.1 スポーツツーリズムの魅力と観光

　スポーツツーリズムとは、スポーツを主な目的に参加することと旅行・観光を掛け合わせたことです。スポーツなどの大会によって開催地では経済効果が生まれるということで地域活性にもつながります。とくに国際的なスポーツイベントでは、国内外から多くの人が訪れることで、地域の文化に触れたり、宿泊や飲食などをともなうことから観光消費が見込まれ、地域活性として着目されています。

　日本では、2010年に政府の観光立国推進本部の会議で初めてスポーツツーリズムが取り上げられ、翌年には観光庁によって「スポーツツーリズム推進基本方針」が策定されました。そのなかで、スポーツは青少年の健全育成や、地域社会の再生、心身の健康の保持増進、社会・経済の活力の創造等、国民生活において多面にわたる役割を担うとしています。そして、2015年にスポーツ庁を設置し、スポーツによる地域活性化推進事業が開始されました（図7-1）。

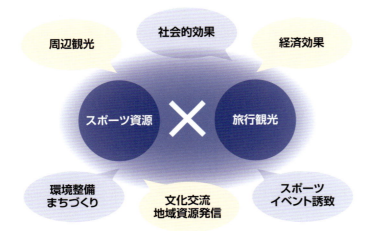

図7-1／「スポーツツーリズム」
[出典：一般社団法人日本スポーツツーリズム推進機構「スポーツツーリズムについて」より筆者作成]

観光庁、スポーツ庁、文化庁の3庁連携協定が締結された「第2期スポーツ基本計画」において、スポーツツーリズムを通じて国内旅行の需要拡大や外国人旅行者の訪日促進を図ることで、地域活性の原動力となる要素として、地方誘客による交流人口の拡大、関連消費額の拡大を掲げました（観光庁）。

　2022年の「第3期スポーツ基本計画」では、スポーツツーリズムの質の向上を重視する策定として進められています。スポーツツーリズムを地域で推進していく原動力となる組織として「地域スポーツコミッション」を設置することで、スポーツと景観・環境・文化などの地域資源を掛け合わせ、戦略的に地域活性化につなげる仕組みが推進されています。具体的には、スキー、ゴルフ、トレッキング、武道等のスポーツへの誘客促進を図ることや、継続的な合宿・キャンプの誘致、スポーツ施設を整備することで各地域の自然資源を活用したアウトドアスポーツやアーバンスポーツ、日本発祥の武道等を活用したコンテンツの開発に取り組むなどです。こうした地域の魅力を国内外に発信していくうえで、自治体をはじめスポーツ団体や民間企業などが取り組んでいます（スポーツ庁）(図7-2)。

　わが国ではスポーツツーリズムを推進していくうえで、地域・関係者が一体となって多様なコンテンツや受け入れ環境が整える必要があり、協力しあって地域活性化の取り組みが行われています。

図7-2／「地域スポーツコミッション」
[出典：スポーツ庁「「地域スポーツコミッション」の設立・活動の支援」より筆者作成]

7.2 オリンピックの効果

近年、スポーツを「観る」だけでなくアクティブに楽しむ体験型のスポーツツーリズムのスタイルが注目されています。

スポーツツーリズムを楽しむ要素は大きく3つにわけることができます(図7-3)。

図7-3／スポーツツーリズムに参加する要素
[出典：一般社団法人日本スポーツツーリズム推進機構「スポーツツーリズムについて」より筆者作成]

2021年に東京オリンピックが57年ぶりに行われましたが、コロナ禍ということで無観客での開催でした。2024年のパリオリンピックは、アフターコロナとして多くの観客が詰めかけるなか盛大に開催されました(写真7-1、写真7-2)。

パリオリンピックでは目標のひとつに「参加型オリンピック」を掲げ、「私たち一人ひとりの中にある内なるアスリートを目覚めさせること」として、観戦するだけでなくパリ市内にオリンピック競技種目が体験できる場が設置されました。スポーツを「観る」だけではなく、参加

型の「する」という楽しみ方もあります（写真7-3）。

　また、オリンピックを始めとする国際スポーツイベントには、大会を「支える」ボランティアはなくてはならない存在です。東京オリンピックのボランティアは、組織委員会の大会ボランティア80,000人の募集に対して20万人以上が、東京都都市ボランティア30,000人の募集に対して3万6千人以上の応募がありました（東京都オリンピック・パラリンピック調整部）。

　スポーツツーリズムの参加目的や楽しみ方も多様化しています。国際スポーツイベントは開催地に経済的波及効果をもたらします。スポーツツーリズムで訪れる人たちは、交通費、宿泊代、飲食代、お土産代、観光に出かけたりして消費しますので、その効果は開催都市だけではなく周辺や国全体にも広がります。

写真7-1／パリ市庁舎　オリンピック発信
［出典：筆者撮影（2023年9月）］

写真7-2／パリ シャンゼリゼ通り（パラリンピック期間中）
［出典：筆者撮影（2024年9月）］

写真7-3／パリ市庁舎前広場（オリンピック種目体験コーナー）
［出典：筆者撮影（2024年8月）］

7.3 外国人観光客に人気の日本の食文化

旅行先で「何を食べるのか」ということも観光の楽しみの一つです。旅行先で訪れる地域ならではの食や食文化を楽しむことをフードツーリズムと言います。

2013年に「和食」がユネスコの世界無形文化遺産に登録されました。「和食」そのものだけではなく、四季が明確な日本には多様で豊かな自然があり、そこで生まれた食文化も育まれてきた、「自然を尊ぶ」という日本人の気質に基づいた「食」に関する習わしを含めた「日本人の伝統的食文化」として登録されました（農林水産省）（図7-4）。

① 多様で新鮮な食材と素材の味わいを活用

日本の国土は南北に長く、海、山、里と表情豊かな自然が広がっているため、各地で地域に根差した多様な食材が用いられています。素材の味わいを活かす調理技術・調理道具が発達しています。

② バランスがよく健康的な食生活

一汁三菜を基本とする日本の食事スタイルは理想的な栄養バランスといわれています。
「うま味」を上手に使うことによって動物性油脂の少ない食生活を実現しており、日本人の長寿や肥満防止に役立っています。

③ 自然の美しさや季節の移ろいの表現

食事の場で、自然の美しさや四季の移ろいを表現することも特徴のひとつです。季節の花や葉などで料理を飾りつけたり、季節に合った調度品や器を利用したりして、季節感を楽しみます。

④ 年中行事との関わり

日本の食文化は、年中行事と密接に関わって育まれてきました。自然の恵みである「食」を分け合い、食の時間を共にすることで、家族や地域の絆を深めてきました。

図7-4／「和食」世界無形文化遺産
[出典：農林水産省HP「ユネスコ無形文化遺産に登録された「和食：日本人の伝統的な食文化」とは」より筆者作成]

以上の内容において登録されました。

2015年に開催されたミラノ万国博覧会では、メインテーマが「地球に食料を、生命にエネルギーを」であったことから、日本館においてレストランやフードコートを出展し、日本の伝統的な食文化が紹介されました。当初の見込みを上回り、200万人を超える来館者があり、その人気ぶりが報道で世界に発信され、日本食が広まっていきました。

　こうして「和食」の文化が広まると、海外に日本食レストランが増えていきました (図7-5)。

　しかし、この10年間に日本を訪問したことがある米国、英国、フランス、中国、韓国の計1,200人を対象に実施した調査では、「自国で

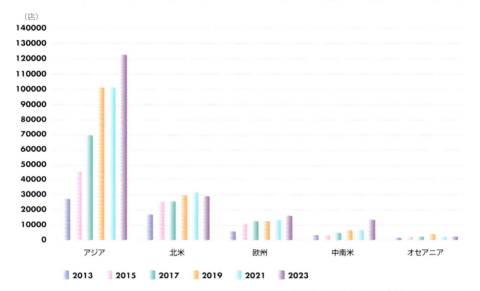

図7-5／海外における日本食レストランの概数
［出典：農林水産省「海外における日本食レストランの数」］

食べる日本食と日本で食べた日本食は違ったか？」を聞いたところ、「とても違う」、「やや違う」を合わせて86.7％高い率でした（農林中央金庫）(図7-6)。この調査では、日本の「和食」が海外では味わえないという結果を表わしています。

一方、観光庁が2019年に実施した「訪日外国人の消費動向調査」における、「訪日前に期待していたこと」の項目では、1位が「日本食を食べること」であり、「滞在中にしたこと」でも1位という結果でした (表7-1)。

海外における日本食レストランでは、旬の食材や季節を感じることができないことから、日本に訪れて「和食」を味わいたいという要望が高まり、外国人観光客に人気が出てきたと言えます。

自国の日本食と日本で食べた日本食は違った？

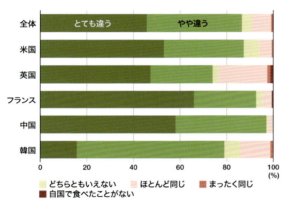

出所：農林中央金庫

図7-6／日本食アンケート調査（2023年）
［出典：nippon.com「訪日外国人」https://www.nippon.com/ja/japan-data/h01675/］

項　目	訪日前に期待すること（％）	滞在中にしたこと（％）
日本食を食べること	1位　70.5	1位　96.2
ショッピング	2位　54.4	2位　84.0
自然・景勝地観光	3位　46.5	3位　66.1
繁華街の街歩き	4位　41.7	4位　73.9
温泉入浴	5位　28.1	6位　33.9
日本の酒を飲むこと	6位　24.7	5位　44.7

表7-1／外国人が「訪日前に期待すること」と「滞在中にしたこと」の調査（上位6位、全国籍・地域、複数回答）
［出典：観光庁「訪日外国人の消費動向調査」（2019年）より筆者作成］

7.4 地元の食材を美味しく・楽しむ旅

　地域の食を楽しみに旅行に出かけるということは、1970年～1980年代に旅行会社や鉄道会社などによる団体旅行ツアーがきっかけとなりました。1990年～2000年代には、ご当地グルメが注目され、食を目的として各地にでかけることに人気がありました。2010年代のデフレの時期が続くと、Ｂ級グルメが人気となり各地域の食文化に注目されるようになりました。

　一方、地域の旬の新鮮な食材を販売する「道の駅」が全国に広がっています。食材の生産者と消費者の架け橋となっている道の駅は、1993年から徐々に登録数が増えています。地域の観光情報を発信する役割も担っており、旅行で立ち寄る人も多く、食をはじめとする地域振興に期待されています（道の駅公式ホームページ）。

　こうした動向から、日本において「フードツーリズム」や「ガストロノミーツーリズム」という言葉が知られるようになりましたが、イタリアでは1986年にスローフード（slow food）が提唱されていました。スローフードは、地域の伝統と美味しい食、その文化を緩やかに楽しむスローな生活のスタイルを守るという概念です。当初は、ファストフードの普及に対しての反対運動がきっかけでした。こうした地域の伝統的な食文化や食材を見直す活動は世界160か国に広まっていて、日本でも2004年にスローフードジャパンが設立されました（日本スローフード協会）。

近年、美味しいものを食べるだけではなく、体験型を含めた観光もあります。ヨーロッパが発祥の「アグリツーリズム」は、長期的なヴァカンスの余暇を活用して、農業体験をしながら地域の食や食文化を楽しむというものです。日本においても1992年に農林水産省によって「グリーンツーリズム」という言葉が提唱され、農山漁村地域で自然、文化、人々との交流を楽しむ滞在型の余暇活動として位置づけられています。グリーンツーリズムの振興は、都市住民に自然や地元の人とふれあう機会を提供するだけでなく、農山漁村を活性化させ、新たな産業を創出すると見られています。1994年に、グリーンツーリズムの振興を支援する法律「農山漁村余暇法」が制定され、さまざまな地域で農家民宿の登録や基盤整備さらには体験・交流プログラムの作成がなされ、教育旅行の受け入れなど旅行者の受け入れが行われています（農林水産省）。

写真7-4／地元の食材が並ぶパリの朝市（バスティーユ広場）
[出典：筆者撮影（2024年9月）]

第8章 Chapter8 新しい観光体験
テクノロジーの活用

Q 今までにない、新しい観光を体験したいのですが。

A 観光体験を変える先端テクノロジーを紹介します。

8.1　スマートツーリズム

　皆さんはおそらく、生まれた頃からインターネットやスマートフォンに慣れ親しみ、日常的にもSNSを楽しんでいることでしょう。高校・大学生はもちろん、20代から50代までの幅広い世代で、日本のインターネット利用率はほぼ100%となっています。また、スマートフォンの利用率も7割を超えています[※1]。

　こうしたインターネットやスマートフォン、SNSは、これまでの私たちの旅行体験を大きく変えてきました。そして、AI（人工知能）やAR（拡張現実）／VR（仮想現実）、メタバース、ロボット、MaaS、自動運転、空飛ぶクルマなど、さまざまな先端テクノロジーによって、未来の観光体験はより魅力的で楽しく、刺激に満ちたものになることが期待されています。

　こうしたデジタル技術活用によって、旅行者の旅にまつわるさまざまなニーズを満たすサービスを提供し、観光地域への旅行者を増やし、滞在期間を延ばし、そして観光消費を増やしていく取り組みはスマートツーリズム（もしくはスマートリゾート）とも呼ばれています[※2]。

　この章では、私たちの観光体験を大きく進化させる可能性を秘めた先端テクノロジーを紹介し、未来の観光体験がどのように変化していくのか、考えてみたいと思います。

8.2 観光体験を変える 先端テクノロジー

（1）旅のプランニングが変わる！ AI（人工知能）

　AI（人工知能）は、認識・判断・計画・学習など人間の知能が行っていることを、コンピュータ上で行っていくためのさまざまな技術を総称したものです。1950年代から研究開発が進み、第1世代AI、第2世代AI、第3世代AIへと進化が続いてきました[3]。

　近年、注目を集めるChatGPT、Copilot、Geminiなどの生成AIもAIの一種です。ChatGPTは対話型AIともよばれるもので、LINEなどのメッセンジャーアプリで友人や知人家族とチャットをしているような感覚で対話できることが特徴的です。自由に質問（プロンプト）を投げかけると、即座に返答してもらえます。調べものやアドバイス、アイデア出しなど、一度使ってみるとその便利さに魅了され、また、時にはあたかも人のような人格まで感じることがあり、大きな話題になりました。当初、インプットとアウトプットの双方が文字情報である「シングルモーダル型」の生成AIが中心でしたが、インプットとアウトプットの双方が文字情報のみならず、画像や動画、音声などの情報を用いることができる「マルチモーダル型」の生成AIが広がっています[4]。

　観光分野でもこうした生成AIはさまざまな活用可能性を持っています。そのうちのひとつが旅行のプランニング（計画）です。これまではさまざまなインターネットやSNSの情報・口コミ、ガイドブックなどをもとに旅行の計画を立てていたのではないでしょうか？　そうした旅行のプランニングも、自分の興味や関心、訪れたい場所などを生成AIに相談することであなただけの旅行プランができるようになりつつあります。実際に、マイクロソフトの生成AIサービスCopilotでは、旅先での興味や関心、体験したいことなどを踏まえたあなただけの旅行プランを提案してくれ、宿泊先の予約申し込みなどにもつなげてく

※1）総務省（2023）「情報通信白書令和5年版」https://www.soumu.go.jp/johotsusintokei/whitepaper/ja/r05/html/nd24b120.html （2024年9月30日閲覧）
※2）経済産業省（2019）「スマートリゾートハンドブック」
https://warp.da.ndl.go.jp/info:ndljp/pid/12685722/www.meti.go.jp/policy/mono_info_service/mono/creative/downloadfiles/fy31/handbook2.pdf （2024年9月30日閲覧）
※3）国立研究開発法人科学技術振興機構 研究開発戦略センター
https://www.jst.go.jp/crds/column/ai/index.html （2024年9月30日閲覧）
※4）Google LLC　https://cloud.google.com/use-cases/multimodal-ai （2024年9月30日閲覧）

れるようです。まさにあなた専属のバーチャルトラベルプランナーのような存在です（写真8-1）[※5]。

写真8-1／生成AIによる旅行プランニング
［出典：マイクロソフトホームページ］[※6]

（2）旅の楽しみ方が変わる！ AR（拡張現実）／VR（仮想現実）、メタバース

　これまでの旅行は実際に旅先へと足を運び、自分の目で見て、耳を傾け、舌で味わい、香りを楽しむといった、五感を通じたリアルな体験が当たり前でした。しかし、さまざまなテクノロジーの進化とともに、コロナ禍の外出規制・渡航制限によって、バーチャルトラベル（仮想空間での旅行体験）が一躍注目を集めました。特に今後の旅行の楽しみを広げてくれる可能性を持ったテクノロジーとしてはAR（拡張現実）／VR（仮想現実）、メタバースが挙げられます。

　拡張現実とも呼ばれるAR（Augmented Reality）は、現実世界にコンピュータ技術を使って情報を重ね合わせて表示する技術です。また、仮想現実とも呼ばれるVR（Virtual Reality）は、仮想世界の中にコンピュータ技術を使って、さまざまな世界観を構築し、あたかもその場にいるような没入感を生み出す技術です[※7]。

　例えばPokémon GoはAR技術を活用したゲームで、スマートフォンのカメラで現実世界を映しだし、そこにポケモンキャラクターが現

[※5] 日本マイクロソフト株式会社　https://copilot.cloud.microsoft/ja-jp/prompts/create-an-itinerary-a63892bd-6611-4ff5-937a-0867e90c9750　（2024年9月30日閲覧）
[※6] 日本マイクロソフト株式会社　https://support.microsoft.com/ja-jp/topic/copilot-チュートリアル-休暇を計画する-c11bf1ea-e0ca-4be0-93ee-9d5f73e4dd2f　（2024年9月30日閲覧）
[※7] 総務省　https://www.soumu.go.jp/hakusho-kids/use/economy/economy_05.html　（2024年9月30日閲覧）
[※8] 株式会社ベネッセホールディングス
https://blog.benesse.ne.jp/bh/ja/news/bc/education/2022/10/04_5868.html
（2024年9月30日閲覧）
[※9] 総務省（2022）「情報通信白書令和4年版」
https://www.soumu.go.jp/johotsusintokei/whitepaper/ja/r04/html/nd236a00.html

れる新しい感覚のゲームで人気を博しました。また、進研ゼミでは、「ハイリコム学習」と呼ぶ、VRゴーグルを用いた学習教材を提供しています。例えば360度の宇宙空間に没入しながら天体の仕組みや月の満ち欠けを学ぶといったことができます[※8]。

　さらにメタバースは、ユーザーがアバターなどを利用し、世界中の人たちと交流することができるインターネット上に構築された仮想空間です。仮想空間上ではユーザー同士でコミュニケーションできるだけではなく、さまざまな商品の購入まで行うことができたりします[※9]。

　例えば、大阪府・大阪市などが提供する「バーチャル大阪」は大阪の魅力を生み出し、体験してもらうためのメタバース空間です。大阪以外にも、バーチャル渋谷、バーチャル原宿などの都市連動型メタバースが生まれ、メタバース空間での観光や街あるきが広がっています（写真8-2）。

写真8-2／都市連動型メタバース
[出典：バーチャル大阪ホームページ]

（3）旅の宿泊体験が変わる！ロボット

　ホテルや旅館でのおもてなしといえば、ホスピタリティあふれるスタッフの心温まるおもてなしがイメージされます。しかし、観光産業においても人材不足は深刻で、十分なスタッフを集められないホテルや旅館も多く存在します。

　そんななか、ロボットに活躍してもらう未来型のホテルが広がりつつあります。先駆的なホテルは「変なホテル」です。これは2015年に長崎のハウステンボスに開業した大手旅行会社HISが経営するホテルです（写真8-3）。2016年には「世界初のロボットホテル」としてギネス世界記録に認定されました。そこでは、ホテルへ一歩足を踏み入れた時から異世界が広がります。チェックインのためフロントに立ち寄ると、恐竜や人型ロボットがお出迎えしてくれます。荷物の預け入れはロボットアームの出番です。部屋への荷物運びはポーターロボット

075

の役割です。部屋の中の話し相手は音声・顔認識を搭載したロボットのロボホンです。滞在中の衣類ケアはクリーニングロボットにお任せすることができます。拠点によっても実際に体験できることは異なりますが、こうしたユニークな宿泊体験が開業当時から話題となり、都市部など全国的な展開を進めています[※10]。

写真8-3／ロボットホテルのフロント
[出典：HISホームページ]

（4）旅の移動体験が変わる！ MaaS、自動運転、空飛ぶクルマ

　旅行といえば、通常、自宅などの出発地から、観光地などの目的地へ移動し、また自宅へと戻るという出発地と目的地の往復の移動がつきものです。その移動手段は、飛行機、新幹線、電車、バス、タクシー、自転車、徒歩など多様です。それぞれの移動手段の事業者は異なることも多く、それぞれの交通チケットを個別に手配することが必要で不便なものでした。また、人里離れた場所にはそもそも移動手段が限られている、ドライバー不足などにより、移動手段が制限されることもありました。こうした不便を解消してくれる取り組みが進んでいます。

　MaaS（Mobility as a Service）は、飛行機・新幹線・電車・バス・タクシーなど、出発地と目的地の間を結ぶさまざまな移動手段を一つのサービスとして、ワンストップで検索・予約・決済することができる利便性の高いサービスです。観光分野での活用も大きな期待を集めています（図8-1）[※11]。

　例えば、大手航空会社の全日本空輸（ANA）では、MaaSプラットフォームを構想し、旅CUBEというサービスを提供しています。これは出発地と目的地を選択するとさまざまな経路検索と旅行プランニングとともに、実際に交通チケットの手配までできるサービスです。ANAの航空券はもちろん、70社を超える電車、バス、タクシー、レンタカー、宿泊・飲食などの事業者と提携し、サービス提供を行っています[※12]。

　さらに、旅の移動手段を変える、新たなテクノロジーにも注目が集

まっています。まずは自動車の自動運転技術です。例えば、Googleの自動運転車開発部門が分社化して誕生したアメリカのWaymo（ウェイモ）という企業では、すでにサンフランシスコなどで時速約105km以下の公道上で、自動運転タクシーサービスを行う許可が得られています[13]。さらにライドシェアサービスを展開するUberは、このWaymoやゼネラル・モーターズ傘下の自動運転技術企業GMクルーズとも提携を発表し、自動運転による無人タクシーが実現し、世界中へ広がっていくことが期待されています[14]。

次に、空飛ぶクルマの実用化にも期待が高まっています。空飛ぶクルマは、電動化や自動化といったテクノロジーが実現する次世代型の

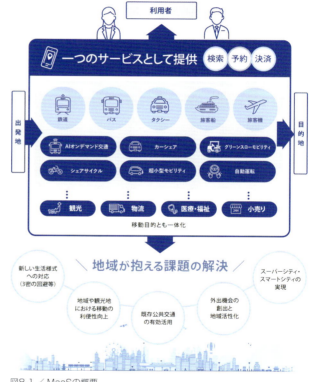

図8-1／MaaSの概要
［出典：国土交通省「日本版MaaSの推進」ホームページ］

※10］株式会社エイチ・アイ・エス
https://www.his.co.jp/wp-content/uploads/n_gr_20161117.pdf （2024年9月30日閲覧）
※11］国土交通省　https://www.mlit.go.jp/sogoseisaku/japanmaas/promotion/
（2024年9月30日閲覧）
※12］ANAホールディングス株式会社
https://www.anahd.co.jp/group/pr/202307/20230731-5.html （2024年9月30日閲覧）
※13］デジタル庁
https://www.digital.go.jp/assets/contents/node/basic_page/field_ref_resources/2415ad00-6a79-4ebc-8fb1-51a47b1b0552/53e634ee/20240621_mobility-working-group_main_01.pdf
（2024年9月30日閲覧）
※14］株式会社日本経済新聞社
https://www.nikkei.com/article/DGXZQOGN2301A0T20C24A8000000/ （2024年9月30日閲覧）

空の移動手段とされています。2025年開催の大阪・関西万博での飛行開始をマイルストーンとして開発が進められてきました[※15]。

　日本において最も先駆的に空飛ぶクルマの開発を進めるSkyDriveでは、観光分野での活用も積極的に視野に入れています。例えば、2024年にはJR九州との提携を発表し、豊富な観光資源を有するものの、十分な交通手段が整わない地域へ空飛ぶクルマを活用して観光客の送迎するサービスなどを構想していることを発表しました(写真8-4)[※16]。

写真8-4／空飛ぶクルマ
[出典：SkyDriveホームページ]

8.3　未来の観光体験

　ここまでで紹介したテクノロジーによって、私たちの観光体験はどのようなものに変化していくのでしょうか？　旅マエ、旅ナカ、旅アトという3つの段階に分けて、未来の観光体験を想像してみたいと思います。

（1）旅マエ

　生成AIの力を使えば、旅のプランニングはもっと便利に、効率的に、そして自分の興味や関心にあったものになるでしょう。生成AIに自分の興味や関心、体験したいことを音声でリクエストすれば、あなただけの旅行プランを画像や動画を添えて提案してくれるでしょう。また、VRを通して、事前にバーチャルトラベルを体験してみることもできるかもしれません。本当に訪れる価値があると思った旅先を事前に確認

※15〕国土交通省（2023）「国土交通白書 2023」
https://www.mlit.go.jp/hakusyo/mlit/r04/hakusho/r05/html/n1213c04.html
（2024年9月30日閲覧）
※16〕株式会社SkyDrive
https://skydrive2020.com/archives/45165　（2024年9月30日閲覧）

することができるのです。さらに、旅のスケジューリングを自動的に行ってもらい、予約やチケットの購入もワンストップで事前にできてしまうことでしょう。

（2）旅ナカ

　テクノロジーの力によって、旅行中の体験はもっと便利でスムーズ、新鮮な発見に満ちたものになるでしょう。スマートフォンのアプリで常にナビゲートしてもらえ、混雑を避けたスケジュールで、飛行機から鉄道、バス・タクシーの乗り換えもスムーズにいき、迷ってしまうこともなくなるでしょう。交通手段がない地域にも、空飛ぶクルマと自動運転のタクシーで送迎してもらえるかもしれません。

　ホテルや旅館での滞在も、あるときはホスピタリティあふれるスタッフからの温かいおもてなしもあれば、あるときは人型ロボットによるユニークなおもてなしもあるかもしれません。

（3）旅アト

　旅の感動や思い出は生成AIに音声でお願いすれば、即座に写真や動画を組み合わせて、魅力的なショート動画を作成し、TikTokに投稿してくれるようになるかもしれません。また、思い出に浸るだけではなく、旅の思い出とそのときの感情を解析して、生成AIが次に訪れるべき旅先を提案してくれるかもしれません。こうした旅の体験全体を、テクノロジーの力は変えてくれるはずです。

　ここまで、この章ではいくつかのテクノロジーとそれによって未来の観光体験がどのように変わっていく可能性があるのか、その一端を紹介してきました。さまざまなテクノロジーの進化によって、私たちは一人の旅行者としてより魅力的な観光体験を楽しむことができるようになるでしょう。そしてこれからの社会の主役となる皆さんには、こうした観光とテクノロジーを専門的に学び、世界をリードする未来の観光体験の構想し、実現していく社会の担い手となってくれることを願っています。

行ってみたい フォトジェニックな スポット

北海道／東北／関東

北海道 01 小樽　青の洞窟
[出典] アクティビティジャパン HP

青森県 02 北津軽郡鶴田
[出典] 国内観光情報マガジン【catchy.】HP

岩手県 03 宮古市　浄土ヶ浜
[出典] 東北女子旅♪ここは外せない！おススメ観光スポット HP

宮城県 04 刈田郡蔵王町　御釜
[出典] 東北女子旅♪ここは外せない！おススメ観光スポット HP

秋田県 05 ゴジラ岩（男鹿市）
[出典] 秋田県男鹿半島の観光情報サイト HP

山形県 06 銀山温泉（尾花沢市）
[出典] 山形県公式観光サイト HP

福島県 07 耶麻郡北塩原村　五色沼の中で一番青いと言われる「青沼」
[出典] 東北女子旅♪ここは外せない！おススメ観光スポット HP

茨城県 08 国営ひたち海浜公園（ひたちなか市）
[出典] 観光いばらき HP

栃木県 09 あしかがフラワーパーク（足利市）
[出典] とちぎ旅ネット HP

群馬県 10 吾妻郡　吾妻峡レールバイク
[出典] 観光群馬公式サイト

埼玉県 11 防災地下神殿／要予約（春日部市）
[出典] 日本が世界に誇る防災地下神殿

080

千葉県

成田市　航空科学博物館

[出典] 千葉県公式観光サイト

12

東京都

ダイバーシティ東京プラザ内
実物大ユニコーンガンダム

[出典] UNICORN　GUNDAM　STATUE HP

13

神奈川県

鎌倉市江ノ電

[出典] 鎌倉市観光協会　江ノ電 HP

14

中部

新潟県

奥只見湖遊覧船（魚沼市）
写真提供：にいがた観光ナビ

[出典] にいがた観光ナビ HP

15

富山県

立山黒部・雪の大谷フェスティバル
©とやま観光推進機構

[出典] 富山県観光公式サイト

16

石川県

加賀市山中温泉鶴仙渓川床

[出典] 石川県観光公式サイト

17

福井県

美浜・若狭町レインボーライン山頂公園
～三方五湖に浮かぶ天空のテラス～九頭竜湖

[出典] 福井県公式観光サイト

18

山梨県

北杜市ハイジの村

[出典] 富士の国やまなし HP

19

長野県

横手山山頂付近の樹氷（下高井郡山ノ内町）

[出典] 長野県公式観光サイト

20

岐阜県

白川郷合掌造り集落（大野郡白川村）
写真：岐阜県のおすすめ観光スポット30選

[出典] Rakuten Travel HP

21

静岡県

三島スカイウォーク（三島市）

[出典] 日本旅行Tripa HP

22

愛知県

名古屋城（名古屋市）
写真：「愛知県」おすすめ観光スポット15選

[出典] 国内観光情報マガジン【cathy.】HP

23

081

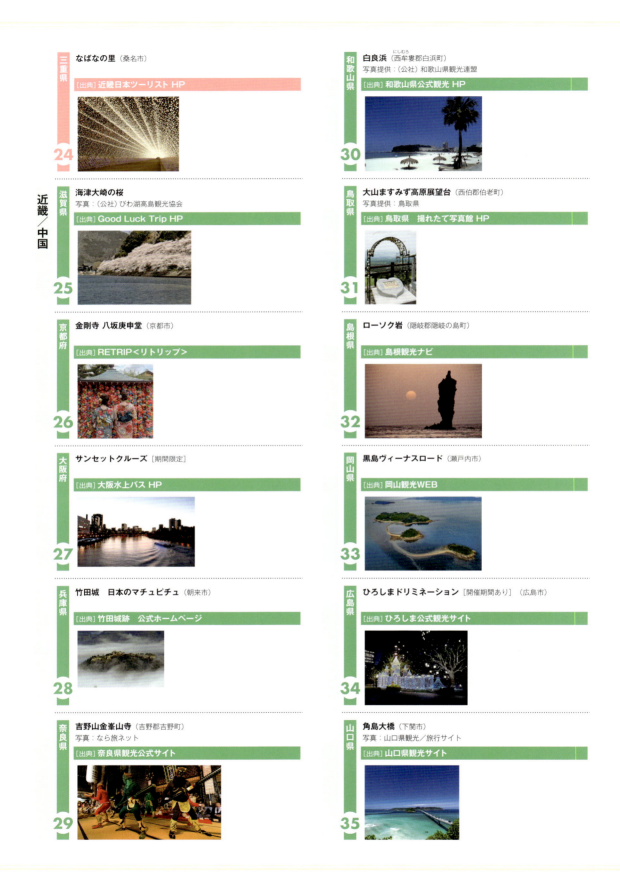

四国／九州

徳島県 36
大歩危峡（三好市）

[出典] にし阿波〜剣山吉野川観光圏／徳島県観光情報サイト

香川県 37
父母ヶ浜（三豊市）

[出典] 三豊市観光交流局 HP

愛媛県 38
霊峰・石鎚山でパワーチャージ（西条市・久万高原町）

[出典] いよ観ネット HP

高知県 39
坂本龍馬像ゆかりのスポット（高知市浦戸「桂浜公園内」）

[出典] 高知県観光協会 HP

福岡県 40
柳川川下り

©福岡県観光連盟

[出典] 福岡県観光WEB　クロスロードふくおか

佐賀県 41
佐賀インターナショナルバルーンフェスタ（佐賀市）

写真提供：佐賀県観光連盟

[出典] 佐賀県公式観光サイト

長崎県 42
九十九島（佐世保市）

写真提供：(一社)長崎県観光連盟

[出典] ながさき旅ネット

熊本県 43
南阿蘇トロッコ列車

[出典] RETRIP＜リトリップ＞

大分県 44
湯布院　昭和レトロパーク（由布市湯布院町）

[出典] RETRIP＜リトリップ＞

宮崎県 45
サンメッセ日南（日南市）

[出典] RETRIP＜リトリップ＞

鹿児島県 46
屋久島　縄文杉

写真協力：公益社団法人鹿児島県観光連盟

[出典] 鹿児島県観光サイト

沖縄県 47
沖縄　首里城

[出典] 旅色 HP

参考文献／関連サイト

TOURISM

第1章 Chapter1

◎JNTO (2025) 訪日外客数2025年1月15日報道発表より
◎鎌倉市ホームページ
　https://www.city.kamakura.kanagawa.jp/
◎総務省統計局 『国税調査報告』(2020)
◎財務省貿易統計ホームページ
　https://www.customs.go.jp/toukei/search/index1.htm
◎訪日ラボ (2023)
　2023年最新版の『インバウンド人気観光地ランキング』
　https://honichi.com/ranking/touristattraction/
◎労働政策研究・研修機構 (2023)
　データブック国際労働比較2023
　https://www.jil.go.jp/kokunai/statistics/databook/2023/
　documents/Databook2023.pdf （2024年8月20日閲覧）
◎UN-Tourism (2017)
　UNWHO Tourism Highlights, 2017 Edition p.15.
◎World Tourism Ranking by Country 2024

第2章 Chapter2

◎オリエンタルエアブリッジ
　https://www.orc-air.co.jp/company/ （2024年9月23日閲覧）
◎国土交通省
　https://www.mlit.go.jp/koku/15_bf_000310.html
　（2024年7月15日閲覧）
　https://www.mlit.go.jp/koku/15_bf_000288.html
　（2024年7月15日閲覧）
　https://www.mlit.go.jp/policy/shingikai/content/001733532.pdf
　（2024年7月15日閲覧）
　https://www.mlit.go.jp/koku/koku_tk5_000008.html
　（2024年7月15日閲覧）
　https://www.mlit.go.jp/koku/atc/work.html （2024年7月15日閲覧）
◎日本空港ビルディング
　https://www.tokyo-airport-bldg.co.jp/files/result/000014511.pdf
　（2024年9月27日閲覧）
◎日本航空協会
　https://www.schedule-coordination.jp/jpn/about/pdf/brochure(JPN).pdf
　（2024年9月27日閲覧）
◎日本政府観光局HP
　https://www.jnto.go.jp/statistics/data/visitors-statistics/
　（2024年9月27日閲覧）
◎ANA
　https://www.ana.co.jp/group/company/ana/scale/ （2024年9月23日閲覧）
　https://www.ana.co.jp/ja/jp/guide/prepare/seatmap/international/a380/
　（2024年9月23日閲覧）
◎JAL
　https://www.jal.com/ja/corporate/air/aircraft.html （2024年9月27日閲覧）

第3章 Chapter3

◎国枝よしみ・岡田晃編著 (2023)
　『経営の視点から考える「新しい観光学」』千倉書房
◎河内山潔・石川夕起子 (2011)
　「ブライダル企業のケーススタディ ―ワタベウェディング株式会社をケースとして」『関西国際大学研究紀要』第12巻, 175-184頁
◎小長谷一之・前田武彦編 (2024) 『地域創造型観光』晃洋書房
◎社会応援ネットワーク (2023)
　『図解でわかる14歳から学ぶこれからの観光』太田出版
◎田尾桂子 (2016)
　『グローバルオペレーターが変えるホテル経営』白桃書房
◎徳江順一郎 (2011)
　「ブライダルにおける市場の変化とホスピタリティ」
　『高崎経済大学論集』第54巻第2号, 51-64頁
◎徳江順一郎 (2012) 『ホスピタリティ・マネジメント』同文舘出版
◎徳江順一郎 (2019) 『ホテル経営概論』同文舘出版
◎ドラッカー, ピーター・F著, 上田惇生訳 (1997)
　『イノベーションと起業家精神』ダイヤモンド社

◎ドラッカー, ピーター・F著, 上田惇生訳 (2007)
　『創造する経営者』ダイヤモンド社
◎沼上幹 (2017)
　『ブライダル産業 ―デフレーション下における需要構造分析』
　東洋経済新報社
◎長谷川惠一・吉岡勉著, 徳江順一郎編著 (2014)
　『数字でとらえるホスピタリティ』産業能率大学出版部
◎Lund, David (2023)
　『The Prosperous Hotelier』Maurice Bassett
◎Venison, Peter (2005) 『100 Tips for Hoteliers』iUniverse
◎オリックス・ホテルマネジメント株式会社
　https://www.orix-realestate.co.jp/hotelmanagement/
　（2024年9月20日閲覧）
◎公益社団法人 北海道観光振興機構 「ムスリムおもてなしガイド」
　https://welcome.visit-hokkaido.jp/data/data/muslim_gaidebook2018.pdf
　（2024年9月20日閲覧）
◎厚生労働省
　「令和5年 (2023) 人口動態統計月報年計 (概数) の概況」
　https://www.mhlw.go.jp/toukei/saikin/hw/jinkou/geppo/
　nengai23/dl/gaikyouR5.pdf （2024年9月5日閲覧）
◎トラベルボイス 「観光産業ニュース」
　https://www.travelvoice.jp/ （2024年9月25日閲覧）
◎日本政府観光局 (JNTO)「日本の観光統計データ」
　https://statistics.jnto.go.jp/graph/#category--133 （2024年9月5日閲覧）

第4章 Chapter4

◎株式会社JTB総合研究所 (2024)「観光用語集」
　https://www.tourism.jp/tourism-database/glossary/
　（2024年8月30日閲覧）
◎環境省 (2024)「エコツーリズムのススメ」
　https://www.env.go.jp/nature/ecotourism/try-ecotourism/
　（2024年8月30日閲覧）
◎観光庁 (2023a)「観光DXの今後の方向性」
　https://www.mlit.go.jp/kankocho/seisaku_seido/kihonkeikaku/
　jizoku_kankochi/kanko-dx/content/001596704.pdf
　（2024年8月30日閲覧）
◎観光庁 (2023b)「スポーツ観光」
　http://www.mlit.go.jp/kankocho/shisaku/sports/index.html
　（2024年8月30日閲覧）
◎国枝よしみ・岡田晃編著 (2023)
　『経営の視点から考える「新しい観光学」』千倉書房
◎公益財団法人日本修学旅行協会
　https://jstb.or.jp/ （2024年8月30日閲覧）
◎厚生労働省 「コンテンツ・ツーリズム研究」
　https://www.mhlw.go.jp/content/11600000/000815843.pdf
　（2024年8月30日閲覧）
◎厚生労働省 「ニュー・ツーリズム研究」
　https://www.mhlw.go.jp/content/11600000/000815839.pdf
　（2024年8月30日閲覧）
◎知的財産戦略本部 (首相官邸ホームページ) (2024)
　「新たなクールジャパン戦略」
　https://www.kantei.go.jp/jp/singi/titeki2/chitekizaisan2024/pdf/siryou4.pdf
　（2024年8月30日閲覧）

第5章 Chapter5

◎一般社団法人日本イベント産業振興協会／
　能力・コンテンツ委員会監修 (2015)
　『基礎から学ぶ、基礎からわかるイベント: イベント検定公式テキスト』
　一般社団法人日本イベント産業振興協会
◎日本政府観光局 (JNTO)「MICEについて」
　https://mice.jnto.go.jp/about-mice/whats-mice.html

第6章 Chapter6

◎海士町ホームページ
　http://www.town.ama.shimane.jp/ （2024年9月20日閲覧）

- 安藤優一郎（2023）『15の街道からよむ日本史』日経ビジネス人文庫
- 隠岐島前高等学校ホームページ
- うどん県旅ネットホームページ
- 一般財団法人 島前ふるさと魅力化財団ホームページ
- GPSMYCITY
  https://www.gpsmycity.com/attractions/midosuji-32101.html
  （2024年10月1日閲覧）
- 環境省（2024）
  国立公園等の魅力向上に向けた取組 首相官邸ホームページより
  https://www.kantei.go.jp/jp/singi/kankorikoku/dai23/siryou7.pdf
  （2024年9月26日閲覧）
- 国土交通省ホームページ
  「道路」「「人中心の道路空間」のあり方に関する検討会資料」
  https://www.mlit.go.jp/road/ir/ir-council/people-centered_road-space/index.html （2024年10月14日閲覧）
- 総務省（2008） 地域力の創造・地方の再生, 平成20年度優良事例集
  https://www.soumu.go.jp/main_sosiki/jichi_gyousei/c-gyousei/jirei_h20.html
  （2024年10月1日閲覧）
- 内閣府ホームページ 「国境の島」エリア 隠岐諸島エリア
  https://kokkyo-info.go.jp/island/shimane/area06/ （2024年10月1日閲覧）
- パソナホームページ（2023） ニュースリリース 2023年12月21日付
  https://www.pasonagroup.co.jp/news/tabid312.html?itemid=4958&dispmid=821 （2024年10月10日閲覧）
- 富士登山オフィシャルサイト
  https://www.fujisan-climb.jp/info/240807_dangantozan.html
  （2024年9月26日閲覧）
- 安島博幸監修（2009）
  『観光まちづくりのエンジニアリング』学芸出版社
- 労働政策研究・研修機構（2023）『データブック国際労働比較2023』
  https://www.jil.go.jp/kokunai/statistics/databook/2023/documents/Databook2023.pdf （2024年8月20日閲覧）
- The Yomiuri Shinbun/The Japan News　2022年5月28日付
  https://japannews.yomiuri.co.jp/features/japan-focus/20220528-32200/
  （2024年10月1日閲覧）
- UN-Tourism（2017） UNWTO Tourism Highlights, 2017 Edition, p. 15.
- UN-Tourism（2023） Almost Half of all Global Destinations Now Offer Digital Nomad Visas
  https://www.unwto.org/news/almost-half-of-all-global-destinations-now-offer-digital-nomad-visas （2024年10月5日閲覧）

第7章 Chapter7

- スポーツ庁ホームページ
  https://www.mext.go.jp/sports/b_menu/sports/mcatetop09/list/detail/1372561.htm （2024年10月3日閲覧）
- 東京都オリンピック・パラリンピック調整部「調査の結果」
  https://www.2020games.metro.tokyo.lg.jp/followuphoukoku5_zentaikyougi_8.1.11.pdf （2024年10月5日閲覧）
- 日本スポーツツーリズム推進機構ホームページ
  「地域におけるスポーツツーリズム推進組織の広がり」
  https://sporttourism.or.jp/sporttourism.html （2024年10月3日閲覧）
- 日本スポーツツーリズム推進機構ホームページ
  「スポーツツーリズムについて」
  https://sporttourism.or.jp/sporttourism.html （2024年10月3日閲覧）
- 日本スローフード協会ホームページ 「スローフードとは」
  https://slowfood-nippon.jp/aboutus/ （2024年10月3日閲覧）
- 農林水産省ホームページ
  「ユネスコ無形文化遺産に登録された「和食；日本人の伝統的な食文化」とは」
  https://www.maff.go.jp/j/keikaku/syokubunka/ich/
  （2024年10月3日閲覧）
- 農林水産省ホームページ
  「海外における日本食レストランの数の調査結果（令和5年）」
  https://www.maff.go.jp/j/press/yusyutu_kokusai/kikaku/231013_12.html
  （2024年10月3日閲覧）
- 農林中央金庫 「訪日外国人からみた日本の"食"に関する調査」
  https://www.nochubank.or.jp/efforts/pdf/research_2023_01.pdf
  （2024年10月3日閲覧）
- 東出加奈子（2023a）
  「パリ市民のスポーツウェルネスなライフスタイル」大阪成蹊大学スポーツイノベーション研究所編『スポーツとウェルネスのイノベーション』創文企画, 61-83頁
- 東出加奈子（2023b）
  「食と地域振興」国枝よしみ・岡田晃編著
  『経営の視点から考える「新しい観光学」』千倉書房, 255-276頁
- 道の駅公式ホームページ 「道の駅とは」
  https://www.michi-no-eki.jp/ （2024年10月3日閲覧）
- nippon.comホームページ
  「自国の日本食と日本で食べた日本食のちがい」
  https://www.nippon.com/ja/japan-data/h01675/ （2024年10月3日閲覧）

第8章 Chapter8

- 株式会社エイチ・アイ・エス
  https://www.his.co.jp/wp-content/uploads/n_gr_20161117.pdf
  （2024年9月30日閲覧）
- 株式会社SkyDrive
  https://skydrive2020.com/archives/45165 （2024年9月30日閲覧）
- 株式会社日本経済新聞社
  https://www.nikkei.com/article/DGXZQOGN2301A0T20C24A8000000/
  （2024年9月30日閲覧）
- 株式会社ベネッセホールディングス
  https://blog.benesse.ne.jp/bh/ja/news/bc/education/2022/10/04_5868.html
  （2024年9月30日閲覧）
- 経済産業省（2019）「スマートリゾートハンドブック」
  https://warp.da.ndl.go.jp/info:ndljp/pid/12685722/www.meti.go.jp/policy/mono_info_service/mono/creative/downloadfiles/fy31/handbook2.pdf
  （2021年2月28日閲覧）
- 国土交通省
  https://www.mlit.go.jp/sogoseisaku/japanmaas/promotion/
  （2024年9月30日閲覧）
- 国土交通省（2023）「国土交通白書 2023」
  https://www.mlit.go.jp/hakusyo/mlit/r04/hakusho/r05/html/n1213c04.html
  （2024年9月30日閲覧）
- 国立研究開発法人科学技術振興機構 研究開発戦略センター
  https://www.jst.go.jp/crds/column/ai/index.html （2024年9月30日閲覧）
- 総務省
  https://www.soumu.go.jp/hakusho-kids/use/economy/economy_05.html
  （2024年9月30日閲覧）
- 総務省（2022）「情報通信白書令和4年版」
  https://www.soumu.go.jp/johotsusintokei/whitepaper/ja/r04/html/nd236a00.html （2024年9月30日閲覧）
- 総務省（2023）「情報通信白書令和5年版」
  https://www.soumu.go.jp/johotsusintokei/whitepaper/ja/r05/html/nd24b120.html （2024年9月30日閲覧）
- デジタル庁
  https://www.digital.go.jp/assets/contents/node/basic_page/field_ref_resources/2415ad00-6a79-4ebc-8fb1-51a47b1b0552/53e634ee/20240621_mobility-working-group_main_01.pdf （2024年9月30日閲覧）
- 日本マイクロソフト株式会社
  https://copilot.cloud.microsoft/ja-jp/prompts/create-an-itinerary-a63892bd-6611-4ff5-937a-0867e90c9750 （2024年9月30日閲覧）
- 日本マイクロソフト株式会社
  https://support.microsoft.com/ja-jp/topic/copilot-チュートリアル-休暇を計画する-c11bf1ea-e0ca-4be0-93ee-9d5f73e4dd2f （2024年9月30日閲覧）
- ANAホールディングス株式会社
  https://www.anahd.co.jp/group/pr/202307/20230731-5.html
  （2024年9月30日閲覧）
- Google LLC
  https://cloud.google.com/use-cases/multimodal-ai
  （2024年9月30日閲覧）

索引 index

A～Z

AI（人工知能） ……… P072
ANA（全日本空輸） ……… P013
AR（拡張現実） ……… P072
B&Sプログラム ……… P036
CS（顧客満足度）とES（従業員満足度） ……… P028
DX化 ……… P026
JAL（日本航空） ……… P013
MaaS（Mobility as a Service） ……… P076
VR（仮想現実） ……… P072

ア行

アグリツーリズム ……… P070
イベント ……… P042
大阪・関西万博 ……… P009
オーバーツーリズム（観光公害） ……… P024
隠岐島前高校 ……… P056
おもてなしの文化 ……… P024
オリンピック ……… P064
オリンピック・パラリンピック ……… P045

カ行

外貨の稼ぎ手 ……… P025
観光SDGs ……… P008
観光立国 ……… P004
空港 ……… P012
グリーンツーリズム ……… P070
航空会社 ……… P013
航空機 ……… P013
国際イベント ……… P042
琴平町 ……… P053
琴平文具店 ……… P054

サ行

サービス業 ……… P002
サービスプロフィットチェーン ……… P028
持続可能な観光 ……… P008
自動運転 ……… P077
島留学 ……… P056
修学旅行 ……… P036
食文化 ……… P066
スポーツツーリズム ……… P062
スマートツーリズム ……… P072

スマート・トラベル ……… P032
スローフード ……… P069
聖地巡礼 ……… P038
世界観光機関 ……… P008／057
空飛ぶクルマ ……… P077

タ行

トラベルコンシェルジュ ……… P035

ナ行

日本国際博覧会（大阪・関西万博） ……… P046
ニューツーリズム ……… P037

ハ行

パリ ……… P064
ピクトグラム ……… P026
ビジネストラベル ……… P035
フードツーリズム ……… P069
フルサービスキャリア（FSC） ……… P014
訪日外国人（インバウンド） ……… P006／008／024
ホスペス（Hospes） ……… P022
ホテル総支配人 ……… P028
ボランティア ……… P065

マ行

MICE（マイス） ……… P035／048
マイレージ ……… P015
御堂筋将来ビジョン ……… P052
ムスリム ……… P026
メタバース ……… P074

ラ行

旅行会社 ……… P032
旅行サイト ……… P006
ローコストキャリア（LCC） ……… P013
ロボット ……… P075

ワ行

ワーケーション ……… P058
和食 ……… P066

執筆者紹介

国枝よしみ [まえがき、第1章、第6章]
（大阪成蹊大学　副学長　国際観光学部長　教授）

【著者略歴】

日本航空（JAL）入社、ホテル日航大阪企画課長、民間人採用で奈良県観光交流局参与等歴任、大阪成蹊短期大学教授、副学長を経て現職。
関西学院大学経営戦略研究科後期課程修了。博士（先端マネジメント）
著書『経営の視点から考える「新しい観光学」』（編著）『観光マネジメント』（監訳）他

辛川 敬 [第2章]
（大阪成蹊大学　国際観光学部　副学部長　教授）

【著者略歴】

全日本空輸（ANA）入社、同社法人販売部長、全日空商事（株）執行役員、ANA関西空港（株）代表取締役社長などを経て現職。
大阪公立大学大学院都市経営研究科博士前期課程在籍中（2025年3月終了見込み）

島 雅則 [第3章]
（大阪成蹊大学　国際観光学部　准教授）

【著者略歴】

（株）ロイヤルホテル入社、海外事業展開や人事部での採用・研修を担当、同社理事としてグループホテルの社長、総支配人等を歴任し、現在に至る。
国家資格キャリアコンサルティング2級技能士、（公財）日本生産性本部認定大学キャリア・アドバイザー
著書『ホテルビジネスの現状と今後の展望』（共著）『経営の視点から考える「新しい観光学」』（共著）

中野 毅 [第4章]
（大阪成蹊大学　国際観光学部　准教授）

【著者略歴】
　関西学院大学（経済学士、経営管理修士）
　旅行会社、外資系航空会社での勤務経験。
　専門は航空ビジネス、観光ビジネス、ブランドマネジメント

松田充史 [第5章]
（大阪成蹊大学　国際観光学部　教授）

【著者略歴】
　大阪市立大学大学院創造都市研究科修了、大手旅行会社を経て現職。
　一般社団法人日本観光研究学科理事・関西支部長、ＮＰＯ法人観光力推進ネットワーク・関西副理事長

東出加奈子 [第7章]
（大阪成蹊大学　国際観光学部　教授）

【著者略歴】
　大阪外国語大学フランス語科卒業、同大学院博士前期課程修了、奈良女子大学大学院博士後期課程修了（博士・文学）、フランス留学、都市銀行勤務などを経て現職。
　著書『海港パリの近代史―セーヌ河水運と港―』（単著）、『鉄道史大事典』（分担執筆）、『スポーツとウェルネスのイノベーション』（分担執筆）、『はじめて学ぶフランスの歴史と文化』（分担執筆）など。

尾崎文則 [第8章]
（大阪成蹊大学　国際観光学部　准教授）

【著者略歴】
　電通・BCG・非営利組織等でのマーケティング実務経験を経て現職。
　早稲田大学卒業、早稲田大学ビジネススクール修了（MBA）。
　専門はマーケティング、消費者行動論。

図解　知っておきたい観光学

2025年3月10日　初版第1刷

編著者　大阪成蹊大学　国際観光学部　国枝よしみ
発行者　千倉成示
発行所　株式会社 千倉書房
　　　　〒104-0031　東京都中央区京橋3-7-1
　　　　電話 03-3528-6901　FAX 03-3528-6905
　　　　https://www.chikura.co.jp/

印刷・製本　藤原印刷株式会社
ブックデザイン　冨澤 崇（EBranch）　https://ebranch.net

©Yoshimi Kunieda, 2025 Printed in Japan
ISBN 978-4-8051-1337-0 C0030

JCOPY （一社）出版社著作権管理機構 委託出版物

本書のコピー、スキャン、デジタル化など無断複写は著作権法上での例外を除き禁じられています。複写される場合は、そのつど事前に、（一社）出版者著作権管理機構（電話 03-5244-5088、FAX 03-5244-5089、e-mail:info@jcopy.or.jp）の許諾を得てください。また、本書を代行業者などの第三者に依頼してスキャンやデジタル化することは、たとえ個人や家庭内での利用であっても一切認められておりません。